しあわせ結婚ガイド

ふたりではじめる！
家計のやりくり

監修　羽田野博子

土屋書店

Happy weddin

はじめに

まずは、ご婚約、ご結婚おめでとうございます。これからはじまるパートナーとの暮らしに、夢をふくらましていらっしゃることと思います。

新生活で直面するのが家計をどうやりくりするか、という問題ですね。生活費の負担をどう分担するのか、貯蓄はどういう方法でするのかなど、最初にきちんと決めておくことが大切です。あいまいなままでやっていくと、思わぬいさかいやトラブルのもとになりかねません。第1章では、そうした基本的なやりくりの方法を紹介しています。

家計管理の方法が決まったら、第2章でライフプランを立ててみましょう。ライフプランとは将来の設計図。人生というドライブでいえば、カーナビです。目的地を入力することで、道に迷うこともなく、最短ルートで目的地に到達することも可能になるでしょう。これからどういう家庭をつくっていきたいですか？　お子さんはいつごろ？　マイホームは？　そういった将来設計を話し合い、具体的に描いてみましょう。

第3章以降では、今後の具体的なライフイベントを取り上げています。子どもができると必要になる、教育資金の準備や保険。マイホームも気になりますね。女性の場合は、お母さんになったら、仕事を続けるか辞めるかという問題も出てきます。また、運用の知識も持っておいて損はありません。リスクとのつき合い方を知れば、お金を増やすことも可能です。

本書には、ふたりの夢を実現していくためのお金の基礎知識が満載。いわば家計管理の必須読本です。この本で身につけたお金の知識は、きっとあなた方おふたりの生活をうるおし、豊かにするための手助けとなることでしょう（同じ目標を持てば、余計なケンカをしなくてすむはずですよ）。

何ごとも最初がかんじん！　まずは今月の家計をきっちりとやりくりすることから、はじめてみませんか？

羽田野　博子

もくじ

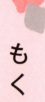

第2章 夢をかなえる！ライフプラン

第3章 子育てにかかるお金

第4章 住まいにかかるお金

第5章 保険の賢い選び方

第6章 貯めて増やす！ 運用のしくみ

第7章 キャリアアップを狙うなら

第8章 もしものときの備えに……

本書の情報は、2010年５月現在のものです。
お金にまつわる制度やその金額は、今後変更になる可能性があります。

プロローグ

どうやったらうまくいく？ ふたりのやりくり

ただいまー
つかれたー
バリ島よかった！
また行きたーい
うっとり♡
わたしたち、先月入籍した
新婚カップルです。
職場で知り合って3年。
両親や親戚、友人、同僚——
たくさんの人に祝福されて
幸せいっぱい。
新婚生活を脅かすものなんて
ないと思っていたのですが…。
はい
お茶
おなかすいたね、
何食べようか？
ピザでも取る？
チラシがたしか
あったはず…
ヒラッ
あれ、水道代の請求が
来てるよ
後で
わたしが
払っとくよ
ピザどうする？
ありがと！

数日後
ただいまー
ガチャ
あれ、
今度は電気代の請求が来てる
今回は払っておいてくれる?
おかえりー
ん〜……自分の番が来たからいうわけじゃないけど、光熱費はまとめてどっちかが払うことにしない?
そうしたいならそれでもいいけどじゃ、どっちが払う?
むすっ
・・・・
じゃ、とりあえず今回は払っとくよ時間があるときに話し合って決めよう
1
2
10
25
26
30
水道代
請求書
そして数日が経ち…。

あれっ！
水道代の督促状《とくそくじょう》が
来てるよ
え!?
払ってくれて
たんじゃないの？
払ってないよ
けい君の番でしょ？
ムッ
わかった
やっぱり
どっちが払うか
決めよう
家賃の8万円は
俺でしょ
食費は毎月どのくらい
かかってるの？
ん〜、ざっと
4万円
くらいかな…
？
？
はて？
そのほかの
生活雑費は？
2万円も
かかってないと思う
トイレットペーパーとか
たぶん…
じゃあ、光熱費は
結子が払ってくれたら
いいんじゃない？
光熱費って月2万
くらいでしょ
ちょうど8万円
ずつになるじゃん

でも…けい君は水道出しっぱなしにするし、電気つけっぱなしで寝たりするし、この間だってクーラーつけたまま出かけてたじゃん！そういうことするのに、わたしが光熱費負担って納得いかないよ月に2万じゃすまないと思う！
う…それは気をつけるけどさ
たじっ
それに、わたしのほうが収入だって少ないんだよわたしのほうが洋服代だってかかるし
収入はそんなに変わらないでしょ洋服代だって、結子のさじ加減じゃないか
さじ加減って、男性はスーツでパターンが決まってるだろうけど、女性はそうもいかないんだよ流行だってあるし…
男は楽でいいよねっっ

流行の
最先端の服で
通勤したって
誰も
見てないって
プッ
あ！
そういういい方
する？
カッチーン
いや…
ごめん
わかった、
光熱費は
俺が払うよ
いいよ
わたしが払うからっ！
ぷんっ
いや
いいって！
いいって！

じゃ、好きにすれば？
ぐさっ
!!
ふんっ
バターン
…
翌日
ただいまー
ねえ、結子
むっすー
これ見て
ごそごそ
何？

書店で見つけたから買ってきた
『ふたりではじめる！家計のやりくり』だって
夫婦の収入を誰がどうやって管理したらいいのかとか、
マイホームや子育てにいくらかかるのかとか、そのための
貯金の方法がわかるみたい
ちょっと読んだけど、
自分たちに合ったやりくりがかんじんなんだって
ふたりではじめる！家計のやりくり
おお…けい君…
ね、だからこれ読んで勉強しよ
はいっ
ここはこうしよっか
そうだねー
あ、でもここは？

第1章 今日からはじめる！家計管理のきほん

まずは今日、今月のやりくりを
どのように管理していけばいいのかをおさえましょう。
夫婦のタイプに合ったお財布の管理方法や、
銀行口座を使い分けて賢くお金を貯める方法など、
今すぐ役立つ、やりくりのノウハウを紹介。
この章で、１か月のやりくりの基盤をつくります。

お互いの貯蓄・借金、知ってる？

あと80万くらいかな
たぶん…
80万!?
聞いてないんですけど
ごめん！ひとりで返していけるかなって思ってて
いってくれればいいのに…
ぷんすこ
ごめん…これからはちゃんというからさ
奨学金 50万
車のローン80万
借金 130万
ドドーン
…
ん～新婚新婚って、浮かれてたけど
あははははは
ふたりでのやりくりは思ったよりも手ごわいね

夫婦の貯蓄・借金を把握しよう

貯蓄はいくら？ 借金は？ ふたりの資産を確認

健全な家計のやりくりをはじめるなら、ふたりの貯蓄・借金を明らかにするのが第一歩。

借金はいい出しづらいものですが、隠しておくのはトラブルのもと。オープンにして、1日もはやい完済を目指しましょう。

WORK SHEET 記入例

○夫婦の貯蓄

種類	名義	金融機関	金額
普通預金	夫	○○銀行	100万円
××株	夫	××証券	50万円
普通預金	妻	△△銀行	80万円
定額貯金	妻	ゆうちょ銀行	100万円
合計			A 330万円

○夫婦の借金

種類	名義	借入先	利率	完済日	残債
奨学金	夫	学生支援会	0.90%	2016年3月	150万円
カードローン	夫	○○銀行	8.50%		30万円
合計					B 180万円

●正味財産

貯蓄合計		借金合計		正味財産	
A 330	万円 −	B 180	万円 ＝	150	万円

やってみよう！ WORK SHEET

貯蓄・借金を書き出そう

このページをコピーして、空欄に夫婦の貯蓄・借金を書き入れましょう。記入日も忘れずに。年に1度はこうした資産の棚おろしをするのがおすすめです。まとめてファイリングしておくと、貯蓄状況や借金の返済状況がわかります。

記入日＿＿＿＿＿＿＿＿

○夫婦の貯蓄

種類	名義	金融機関	金額
合計			A

○夫婦の借金

種類	名義	借入先	利率	完済日	残債
合計					B

●正味財産

A［　　　］万円 － B［　　　］万円 ＝［　　　］万円

夫婦の手取り収入を把握しよう

結婚生活の糧《かて》となる 手取り収入を把握

やりくりを考えるときには、「手取り月収の○%を貯金に」など、手取り収入を基準にします。

ここでは、毎月・毎年、夫婦でいくらの手取り収入があるのかを確認しておきましょう。

手取り収入とは？

「銀行に振り込まれた金額＝手取り収入」と考える人が多いようですが、そうとはいいきれません。
自分の意思で契約している財形貯蓄や生命保険料、社宅家賃代などの天引きされた金額は、手取り収入に含まれます。

総支給

手取り収入

法定控除	その他の控除	銀行に振り込まれる金額

必ず天引きされるお金

○税金
・所得税　・住民税
○社会保険料
・健康保険
（公務員：共済短期掛金）
・厚生年金保険
（公務員：共済長期掛金）
・雇用保険

個人の任意で天引きされているお金（会社・個人によりさまざま）

・財形貯蓄
・労働組合費
・共済会費（公務員）
・年金積立金（公務員）
・寮、社宅費
・持ち株会積立金
・借入金返済
・生命保険料
・旅行積立金
・親睦会費
など

やってみよう！ **WORK SHEET**

夫婦の手取り収入を書き出そう

次の手順で、空欄に夫婦の収入を書き入れましょう。
総支給額が月によって大きく違う人は、平均よりやや少なめに記入しておくのがやりくり上手のコツです。

記入日 ＿＿＿＿＿＿＿＿

○夫の手取り収入

	総支給額			法定控除			手取り収入	
月収		円	－		円	＝	A	円
ボーナス		円	－		円	＝	B	円

手取り年収

A	円×12	＋	B	円×2※	＝	C	円

○妻の手取り収入

	総支給額			法定控除			手取り収入	
月収		円	－		円	＝	あ	円
ボーナス		円	－		円	＝	い	円

手取り年収

あ	円×12	＋	い	円×2※	＝	う	円

※「×2」はボーナス年2回の場合。
年1回の場合は「×1」に。

●夫婦の手取り収入

	夫の手取り月収			妻の手取り月収				
手取り月収	A	円	＋	あ	円	＝		円

	夫の手取り年収			妻の手取り年収				
手取り年収	C	円	＋	う	円	＝		円

夫婦のタイプ別 お財布の分け方

お互いが納得できるお財布の分け方を選ぼう

ふたりの収入を誰が管理するのかは、新婚カップルが最初にぶつかる問題です。

どちらかがまとめて財布のひもを握るのか、それぞれが自分で管理するのか……。

お互いが納得できる、ふたりにぴったり合う方法を見つけましょう。

やってみよう！ **WORK SHEET**

夫婦のタイプチェックシート

あてはまる項目のアルファベットの数を数えましょう。
一番多いアルファベットが、あなたたち夫婦におすすめのお財布の分け方です。同じ数になったら、ふたりに合うと感じたほうを選びましょう。

- □ 結婚後は、共働きになる予定だ　**CD**
- □ 結婚後は、専業主婦（またはパート勤め）になる予定だ　**AAB**
- □ 将来、子どもを育てたい、またはすでに妊娠・子育て中だ　**AB**
- □ マイホームなど、夫婦共通の夢や趣味がある　**AC**
- □ 独身時代、家計簿をつけていた
  妻が→**A**　夫が→**AB**　ふたりとも→**CC**
- □ 夫は几帳面で、お金にもマメな性格だ　**BB**
- □ パートナーの金銭感覚に不安がある
  夫に不安がある→**A**　妻に不安がある→**AB**
- □ 結婚してからも適度な距離を保ち、相手のお金の使い方には干渉したくない　**DD**
- □ お互いが自由に使えるお金を持っておきたい　**CD**
- □ 将来を考え、きちんと貯金していきたい　**AC**

A 賢い妻（夫）のお小遣いタイプ

昔から一般的な、妻が家計を管理し、夫にお小遣いを渡すというタイプ。

もちろん、夫が管理して、妻にお小遣いを渡すというのもあり。家計管理の得意なほうに任せるとよいでしょう。

夫婦共働きなら、夫の収入だけでやりくりしておくのも手。出産・子育てで妻の収入がなくなっても、生活のリズムを保てます。

メリット

・一括して家計を管理できるため、貯蓄しやすい
・出産・子育てにも対応しやすい

デメリット

・管理に関わっていないほうは貯蓄の意識が薄くなる。年末に収支や貯蓄状況を報告するなど、工夫が必要

B 亭主関白の生活費先渡しタイプ

夫が1か月分の生活費を妻に渡し、妻はそのお金で家計をやりくりするというタイプ。
夫にお金の管理能力があり、妻がこの方法に納得できる場合にはよいでしょう。
共働きの場合は、妻の収入をそのまま貯蓄する方法もあります。

メリット

・「自分の収入を人に管理されたくない」と感じる夫にぴったり

デメリット

・夫は収入を自分の好きに使えるため、夫婦の貯蓄が増えにくい（共働きの場合を除く）

C 二人三脚の共同財布タイプ

共働き夫婦におすすめの共同財布を持つタイプ。夫と妻がそれぞれ、自分の収入の一部をひとつの口座に振り込んでおき、家計の支払いはすべて、この口座から引き出します。
貯蓄用にも別の口座を設け、ふたりでお金を出し合うとさらによいでしょう。

メリット

・お互いが自由に使えるお金を持てる
・やりくりの負担を分け合える

デメリット

・お互いの収入が把握しにくい
・残業代などで収入が増えても、個人のお小遣いになってしまい、夫婦の貯蓄に回らない

D 恋人気分を保つ項目別負担タイプ

共働き夫婦に多い、項目別に負担するタイプ。たとえば、家賃、車のローンなど、毎月決まった額の出費は夫の口座から自動引き落としにし、食費や生活用品費など、月によって変動のある出費は妻の口座から引き出します。
お互いに給与の○%は貯蓄に回す、といったルールを決めておくとよいでしょう。

メリット

・生活費に使った残りのお金は、自分の自由に使える

デメリット

・貯蓄は個人任せになるので、夫婦の貯蓄額が見えづらい
・車検や冠婚葬祭など、臨時の出費の支払いについてルールを決めておかないと、毎回もめ事のタネに

お財布の分け方は夫婦の距離を表す!?

どのタイプを選んでも、お互いの収入・貯蓄をオープンにするかどうかで、夫婦の距離は変わってきます。

ふところ事情まで知り合った仲ならより「夫婦」らしく。反対に、知らない仲なら、いつまでも新鮮なカップル気分を味わえるでしょう。

出産や住宅購入で財布をオープンに

ただ、ふたりで末永く暮らしていく覚悟ができたら、収入や貯蓄をオープンにするべき。そのよい機会が、「出産」と「住宅購入」です。

子どもができれば、ふたりで教育資金の積み立てをはじめなければなりません。住宅購入では、頭金がいくら用意できるのか、月々の支払いの分担は……など、確認しておくべきことがたくさん出てきます。

家計を明朗にすることは、生涯にわたって連れそう夫婦の証といえるかもしれません。

教えて！ お金のギモン

Q. お小遣い制でやりくりを考えているけど、夫は納得のいかない様子……。どうやって説得すればいい？

A. ふたりでライフプランを立て、協力体制をつくりましょう。

自分の収入は自由に使いたい、という夫は意外に多いもの。これまで好きに使っていたお金がなくなるのですから、当然といえば当然です。

そんなときは、ふたりでライフプラン（第２章参照）を立て、やりくりの協力体制をつくりましょう。妻もお小遣い制だとわかるように「家計の財布」と「自分の財布」を分けて見せるのもよい方法です。

お金が貯まる3つの口座システム

新婚時期は貯蓄の体質づくりを

夫婦がお金を貯めるチャンスは2度あるといわれています。1度目は子どもができる前。2度目は子どもが独立した後です。

新婚の今はまさに、1度目の貯めどき。お金があるからといって油断せず、今の時期に、しっかりとした貯蓄体質をつくっておきましょう。

気づけば貯まる3つの口座システム

きちんと貯蓄をしていくには、3つの口座システムが有効。これは、使う口座を「生活費の口座」「特別出費の口座」「貯蓄の口座」の3つに分けて管理するというものです。

生活費を出し入れする口座と、貯蓄の口座を別にしておくのがポイント。「貯蓄していたはずが、いつの間にかなくなった」という失敗を防ぐことができます。

余裕ができたら4つ目の「運用の口座」を

貯蓄の口座がある程度潤沢《じゅんたく》になってきたら、「運用の口座」をつくってその口座で資金の運用を行うとよいでしょう。

運用にはさまざまな商品があるので、よく考えて選びましょう（第6章参照）。

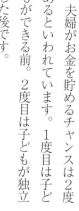

1 生活費の口座

家賃・光熱費・クレジットカードの引き落としなどは「生活費の口座」にまとめます。
つねに1～2か月分の生活費が入っている状態にしておけば、急な引き落としがあっても、残高不足で払えないトラブルを防げます。

お財布の分け方別　利用口座

Aタイプ→夫の給与振り込み口座
Bタイプ→夫から受け取った生活費を入れる口座
Cタイプ→ふたりの共通口座
Dタイプ→夫婦それぞれの給与振り込み口座

給与の振り込み・
生活費の入金

生活費引き落とし
日常の買い物に引き出す

B・Cタイプは
給与振り込みの
口座などから

A・Dタイプ
は1から

毎月手取り月収の
10～15%を
目安に積み立て

2 特別出費の口座

帰省や車検、冠婚葬祭など、不定期な出費に備えるのが「特別出費の口座」。毎月、定額を積み立てておきます。生活費の2～3か月分あれば、トラブルがあったときも安心です。
すぐに使えるよう、基本的には普通預金に預けますが、出費の時期がわかっているものは定期預金でもよいでしょう。

不定期の出費

A・Dタイプ
は1から

B・Cタイプは
給与振り込み
口座などから

毎月手取り月収の
10～30%を
目安に積み立て

3 貯蓄の口座

給与が振り込まれたら、先取りで「貯蓄の口座」に移し替えます。「先取りで」というのがミソ。先取り貯蓄にぴったりの積み立て商品もおすすめです（次ページ参照）。
生活費が足りなくなっても、特別出費の口座でまかない、貯蓄の口座には手をつけないようにします。また、貯蓄の口座は、それぞれの資産を明確にするためにも夫婦別々に持っておきましょう。

余裕ができたら
4つ目の
「運用の口座」を
持つ

積み立て型の金融商品で賢く貯める

給与からの先取りで勝手に貯蓄

1か月生活して残ったお金を貯蓄しようと思っても、なかなか貯まらないもの。確実に貯蓄するには、給与が振り込まれてすぐに、貯蓄用の口座に移しておくのが理想です。

その作業を自動で行ってくれるのが、自動積み立て商品。銀行に申し込むものと、勤務先に申し込むものがあります。

銀行に申し込む

銀行などの金融機関に申し込む、積み立て型の金融商品。
自営業・フリーランスなどの人も利用できます。

自動積み立て定期預金

銀行などの金融機関に申し込んでおくと、普通預金から定期預金に自動的に振り替えてくれます。
振り替え日を給与振り込みの翌日に指定しておけば、残高が足りなくなる心配もありません。

勤務先に申し込む

勤務先に申し込む積み立て商品。会社によっては導入していないこともあるので、確認を。

財形貯蓄

勤務先に申請すると、月収やボーナスから自動的に定額を引いて積み立ててくれる制度。1,000円から利用でき、定期預金の金利より優遇されることもあるため、勤務先が導入していればぜひ検討してみましょう。

- **一般財形貯蓄**
使い道は自由。はじめてから１年経てばいつでも引き出せる。
- **財形住宅貯蓄**
住宅購入のための貯蓄。５年以上の積み立てが原則。物件購入なら、それ未満も可。
- **財形年金貯蓄**
老後資金を貯める貯蓄で、60歳以降に年金として受け取ることができる。積み立て期間は５年以上。

財形住宅貯蓄と財形年金貯蓄は、ふたつ合わせて一定額まで非課税なことも、うれしいポイントです。

社内預金

会社が社員の給与の一部を預金として天引きし、預かる制度。金利は会社によってさまざまですが、一般の銀行より高く設定されていたり、自社株を持っていれば金利が優遇されるなど、社員ならではの特典があることも。

貯蓄は夫婦それぞれの名義で貯めて、財産の持ち主を明確にしておきましょう。
これは住宅購入の際にも影響します。登記（物件の権利登録）を連名にしたいなら、頭金とローンの返済もその割合に応じて出す必要があります。たとえば、登記だけ５：５にして、頭金とローンの返済は全額夫負担にすると、夫から妻への贈与とみなされ、贈与税が課せられることがあります。

3つの口座に合った銀行選びと使い方

メインバンクとサブバンクを使い分ける

使う銀行をひとつにまとめるのもわかりやすいのですが、ＡＴＭの利用停止期間や銀行の破綻《はたん》を考えると、複数利用しておいたほうが安心です。「生活費の口座（28ページ参照）」として頻繁《ひんぱん》に使う銀行をメインバンク、そのほかの口座に使う銀行をサブバンクとして、使い方に合った銀行を選びましょう。

メインバンク【生活費の口座】

給与の振り込みや、生活費の引き落としに利用する銀行のこと。
「生活費の口座」の預け先になります（自動積み立てを利用している場合は、同じ銀行の定期預金口座が「貯蓄の口座」にも）。

チェックポイント

- 給与の振り込み先に指定できる
- 公共料金などの引き落とし先に指定できる
- ＡＴＭが会社や自宅の近くにある
- 振り込みや出入金の手数料が安い

サブバンク【特別出費・貯蓄の口座】

貯蓄目的や通販の支払い利用など、メインバンクの補佐として使用する銀行のこと。「特別出費の口座」や「貯蓄の口座」の預け先になります。

チェックポイント

- 金利が高めである
- 外貨運用などの金融商品が充実している
- 提携している証券会社がある（「貯蓄の口座」から運用資金を回すことを視野に入れて）

ネット専業銀行は手数料・金利でおトク

ネット専業銀行なら、ＡＴＭでの入出金手数料が24時間無料（銀行により条件あり）、金利も高めというふうに、便利でおトクなサービスが充実しています。

パソコンかケータイがあれば、いつでも残高や入出金明細が確認でき、通帳記入の手間もかかりません。

ただ、公共料金やクレジットカードなど一部料金の引き落とし先に指定できなかったり、積み立て金融商品（30ページ参照）を設けていない銀行もあります。

メインバンクにする際はよく確認しましょう。

徹底比較！ ネット専業銀行

ネット専業銀行とは、店舗を持たず、ネットで主な取り引きを行う銀行のこと。

手数料、金利の面で利用者に大きなメリットがあります。最新情報を紹介した比較サイトもあるので、見てみては。

■主なネット専業銀行

●住信ＳＢＩネット銀行
- 他行宛の振込手数料は月３回まで基本無料
- ゆうちょ銀行・セブン銀行・ローソンATMなどでATM利用手数料無料（一部回数制限あり）

●ソニー銀行
- 外貨預金、投資信託の取り扱い商品が充実。住宅ローンにも対応

●ジャパンネット銀行
- 公共料金の引き落としが可能
- セブン銀行などで月１回までATM利用手数料無料

●楽天銀行（旧イーバンク）
- ゆうちょ銀行・セブン銀行などでATM利用手数料無料（条件あり）
- オンラインショッピングに有利

★新生銀行（少数だが店舗あり）
- ゆうちょ銀行・セブン銀行などでATM利用手数料無料
- 円預金、外貨預金、投資信託、住宅ローンや保険など商品充実

大手都市銀行もネット利用が便利

大手都市銀行でも、振り込み手数料などはネット利用（ネットバンキング）が便利です。ネット専業銀行と同様、パソコンやケータイで各種の操作が可能。通帳を使わないコースにすることで、手数料が安くなる銀行もあります。

ネットバンキングは、各銀行のＨＰから申し込むことができます。

WORK SHEET 記入例

目的	名義	金融機関／種類	メモ
生活費の口座	夫	○○銀行／普通	夫と妻、それぞれが月のはじめに生活費として10万円入金
特別出費の口座	妻	△△銀行／普通	まとまったお金をすぐに引き出せる口座。夫と妻、それぞれが月のはじめに２万円入金
	妻	△△銀行／定期	車検費用を貯める口座
貯蓄の口座	夫	○○銀行／財形貯蓄	給料から天引きで３万円積み立て
	妻	△△銀行／自動積み立て定期	給与振り込みの翌日に２万円を自動的に引き落として積み立て
	夫	××銀行／定期預金	○○銀行でまとまったお金をネット銀行の定期預金に

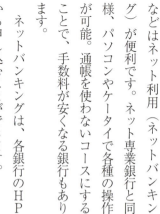

やってみよう！ WORK SHEET

3つの口座別に使う銀行を整理しよう

3つの口座に使う銀行が決まったら、メモしておきましょう。

記入日

目的	名義	金融機関／種類	メモ
生活費の口座			
特別出費の口座			
貯蓄の口座			

長続きする家計簿の秘訣

家計簿で家計の健康診断をしよう

「家計簿をつけようと思うのに、長続きしなくて」という人は、細かいことにこだわりすぎなのかもしれません。

健康診断が健康状態を見るためのものであるように、家計簿は、家計の健康状態を見るためのもの。まずは、1か月の収入、支出、貯蓄を把握することからはじめてみましょう。

家計簿を長く続ける3つのコツ

1.レシートをもらう習慣をつける

買い物をしたらレシートをもらう習慣をつけましょう。レシートがもらえなければ、日付と金額、使用用途をメモ。
携帯電話のメモ帳機能を使えば簡単です。

2.毎日つけようと思わない

1.の習慣さえ身についていれば、家計簿をつけるのは週1回、月1回でもかまいません。毎週土曜日の夜、毎月のはじめなど、つける日を決めてもいいでしょう。

3.現金と数字が合わなくても気にしない

細かい数字が合わないときは「不明金」という費目をつくります。10円、100円にこだわって挫折するより、大雑把でもいいので続けることが大切です。

自分に合った家計簿ツールを

ひと口に家計簿といっても、今ではさまざまな選択肢があります。

従来のノートタイプのほか、パソコンやポータブルゲームの家計簿ソフト、ケータイのアプリなど。自分に合ったツールで、「続く」家計簿スタイルを見つけましょう。

家計簿のつけ方いろいろ

A 市販の家計簿ノート

家計簿の定番。年末になると、書店でさまざまなタイプのものが出回るので、シンプルで使いやすそうなものを選びましょう。

B 自己流ノート

市販のノートは使いにくいという人は、大学ノートを使い、自己流でチャレンジしてみては。
詳しいやり方は次ページ以降で。

C パソコンのエクセルや専用ソフト

市販されているソフトのほか、無料でダウンロードできるものもあります。
面倒な計算も自動でできるので便利！ 表やグラフなど、機能も多彩です。

D ケータイのアプリやポータブルゲームのソフト

外に出ることの多い共働き家庭におすすめ。買い物をしたその場で記帳できるので、記入もれが少なくなります。パソコンソフトと連動して使えるものも。

月に1度でもOK! 簡単「自己流」家計簿

前ページで紹介した「自己流ノート」方法は、自分の使いやすいようにアレンジできるのがメリット。

ここでは、はじめての人でも続けられるよう、月に1度でOKの家計簿のつけ方を紹介します。「第1週の土曜日は家計簿の日」など、続けるためのマイルールをつくるとよいでしょう。

家計簿をつける5ステップ

❶ 年月を記入する
（個々の日付は不要！）

❷ 給与明細、通帳を見て、収入を記入する

2010年○月

収入	収入（夫）	250,000
	収入（妻）	200,000
	その他	0
	合計 ★	450,000
支出	食費	40,000
	家賃	80,000
	趣味・お小遣い費	70,000
	雑貨（光熱費含む）	60,000
	保険	20,000
	特別出費（積み立て）	40,000
	不明金	10,000
	合計 ★	320,000
収入ー支出		130,000
貯蓄	先取り	50,000
	貯蓄	80,000
	合計 ★	130,000

❸ 1か月分のレシートを費目ごとに分ける。レシートの束の合計金額を費目別に書き出す。
通帳の記載も参照して、引き落とされている費目、金額を記入する
※費目は自由にアレンジ！
慣れてきたらより詳しく分けてもよいでしょう

❹ 収入から支出を引いて収支を計算する。
計算と実際の残高が合わない場合は、差額を「不明金」として調整する

❺ 先取り貯蓄と、貯蓄に回すお金を足し、今月の貯蓄額を記入する

まずは★印の流れを把握しよう

家計簿をつけることで、★印の「収入」「支出」「貯蓄」の流れが見えてきます。ここでまずチェックすべきは、貯蓄額。専業主婦の家庭なら月の手取りの10％以上、共働きなら30％以上を貯蓄しておきたいものです。

貯蓄が足りないならムダをチェック

貯蓄が目標に達していなければ、何に多くかかっているのかをチェックします。３か月ほど家計簿をつければ、「先月より〇〇が多い」など、シェイプアップできる費目が見えてくるでしょう。

「特別出費」の活用法

右ページで紹介した「特別出費」とは、帰省や車検など、その月だけに臨時で支払った支出のことをいいます。

この支出は28ページで紹介した「特別出費の口座」から出しましょう。「生活費の口座」とは分けることで、毎月必ず支出する金額を把握しやすくなります。

毎月の支出が把握できたら、今度は費目別に予算を立てて、予算内でのやりくりを目指します！

毎月の予算の立て方

現状を知って、実現できる予算を立てる

数か月家計簿をつけてみると、各費目にかかる月の平均が見えてきます。「絞れそうだな」と思う費目を月の平均よりやや少なく設定し、その中でやりくりしてみましょう。下の比率を参考にしてもいいでしょう。

週1回でも家計簿をつけて予算の残高を確認できれば、予算を守ってやりくりしやすくなります。

生活費の比率の目安

季節や地域にもよりますが、手取りの月収に対して以下の比率が目安です。

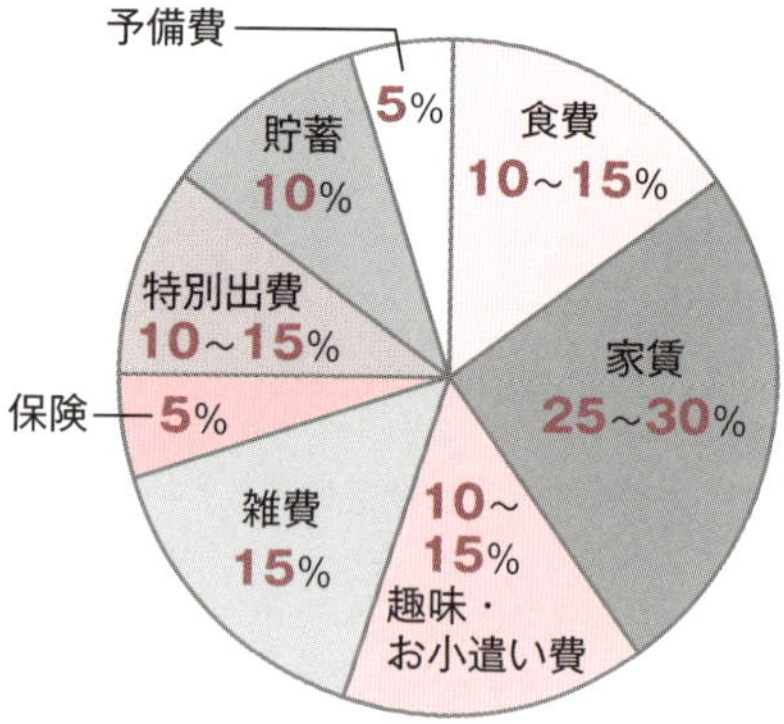

● **食費**
酒代や夫婦の外食費も含んで、10~15%が目安です。

● **家賃**
賃貸・持ち家ともに、
できれば25%以内に収めましょう。

● **趣味・お小遣い費**
旅行など、趣味やお小遣いに
かかるお金。10~15%。

● **雑費**
日用品や被服費、光熱費
などの雑費。15%程度に。

● **保険**
死亡保険、医療保険など。
5%以内が目安。

● **特別出費**
帰省や冠婚葬祭費などに備えて、「特別出費の口座」に積み立てます。10~15%が目安。

● **貯蓄**
専業主婦の家庭なら10%以上、共働きなら30%以上を目指しましょう。夫の収入だけで生活費をまかなえればなお◎。最低でも、保険料の2倍は貯蓄に。

● **予備費**
予算オーバーしたときのゆとりとして、5%くらいの予備費をもうけます。あまれば貯蓄へ回しましょう。

やってみよう！ **WORK SHEET**

目標予算を立ててみよう

各費目について、月に平均いくらかかっているかを書き込みます。意識すれば絞れそうな費目については、やや少なめに目標を設定してみましょう。
数か月繰り返せば、自分の家計に合った予算がわかります。

記入日＿＿＿＿＿＿＿＿＿＿

	今かかっている金額・比率		来月の目標予算・比率
食費	円　％	⇒	円　％
家賃	円　％	⇒	円　％
趣味 お小遣い費	円　％	⇒	円　％
雑費	円　％	⇒	円　％
保険	円　％	⇒	円　％
特別出費	円　％	⇒	円　％
貯蓄	円　％	⇒	円　％
予備費	円　％	⇒	円　％

「袋分け」で予算を守る

残高がひと目でわかる「袋分け」とは？

1か月の予算を守るには、今月の予算があとどのくらい残っているのかを把握することが大切です。

こまめに家計簿をつけるのが難しい人は、「袋分け」が有効。決めた予算の現金を引き出してあらかじめ袋に分けておき、その袋の中でやりくりするのです。

費目別袋分けの手順

1 【月はじめ】予算の仕分け

お給料が入ったら、立てた予算のうち、主に現金で支払う予定の金額をすべて引き出します。予算に合わせて「生活費（食費・雑費）」「現金払いの固定費（新聞代など）」「予備費」というように、費目ごとに現金を仕分け、袋に入れておきます。

2 【毎日】袋の中のお金を使う

「食品を買ったら生活費の袋から」というように、使う費目の袋からお金を支払います。残高が目に見えるので、使いすぎを抑えることができます。

もらったレシートは費目別に袋に入れておきましょう。

3 【月末】家計簿をつけ、予算を調節する

あまった袋のお金は貯蓄に回し、次の月では予算を減らします。足りなかった袋の費目は、ムダな買いものがなかったか検討します。削るところがなければ、予算を増やしましょう。

1か月でたまったレシートを見て家計簿に記帳し、予算の増減も反映させます。

袋分けやりくり活用術

■クレジットカードを使ったら
カードで買い物した金額を、使った費目の袋から「カードの袋」に移します。引き落とし日の前に、「カードの袋」の中のお金を引き落とし口座に入金すればOK。

■袋の残高が足りなくなったら
予備費を入れた「予備費袋」をつくっておきます。予算をオーバーした費目と金額はメモ。月末に家計簿に記入し、それが続くようなら予算アップを検討します。

袋の分け方バリエーション

A．項目をより大雑把に分ける
袋の分け方は使いやすいよう工夫を。「生活費」「その他」「予備費」のように大雑把に分けたり、特にムダ遣いしがちなものだけを袋分けにしても◎。

B．週で分ける
費目ではなく、「1週目」「2週目」…と、週ごとに袋を分け、その中でやりくりします。

C．電子マネーで分ける
利用するスーパーがnanacoやWAONなどを導入していれば、これらの電子マネーを使って袋分けする方法も。スーパーで購入する生活費の予算を月のはじめにまとめてチャージし、その中でやりくりします。

教えて！お金のギモン

Q. 袋をいくつも持ち歩くのはわずらわしい。もっといいやり方はないの？

A. 予備費だけ財布に入れて、袋は家に置いておくという方法があります。

予備袋の中から1～2万円を取り出し、財布に入れておきます。持ち歩くのは財布だけ。買い物のときは財布からお金を出します。

家に帰ったら、使った費目の袋から使った金額を財布に移します。この方法なら、こまめに残高を確認しつつ、持ち歩くのは財布だけでOKです。

支出を抑える7つの知恵

節約は「手間なく」「ストレスなく」がコツ

予算内でやりくりするために、まだまだできることがあるかもしれません。手間なく節約できる7つの知恵を紹介します。

1 保険料を抑える

手間なし度　★★★★
効果　★★★★★

保険は手取り収入の5％以内が目安。多すぎるようなら、要チェック。保障内容がかぶっているなど、不要なものは解約してしまいましょう（第5章参照）。

2 ケータイ電話料金を抑える

手間なし度　★★★★★
効果　★★★★

ケータイ電話各社を横断して料金を比較してくれるサイトがあるので、自分の払っている料金が適正かどうか確認してみましょう。人によっては月に2,000円以上の差が出ることも。それがふたりなら月4,000円。年間では4万8,000円も違ってきます！

3 住宅以外のローンを返済する

手間なし度　★★★★
効果　★★★★

車のローンや家電の分割払い、クレジットカードのリボ払いなどは実際の購入額のほかに、利息を払っています。

ローンを利用しつつ貯蓄もしているという人は、ローンの返済を優先したほうがおトク。どんなに貯蓄しても、ローンの金利で目減りしてしまいますよ。

4 カーシェアを利用する

手間なし度　★★★
効果　★★★★

ふだん車に乗らない人は、思いきって手放すことも検討してみましょう。複数の人と車を交代で使うカーシェアは、車を持ち続けるよりもずっと経済的です。

5 光熱費を抑える

手間なし度　★★
効果　★★★

今日からできる方法としては、「使いっぱなし」の状態を極力避けること。

電気料金については夜間料金を安く、昼の料金を高く設定できる「タイムプラン」や、基本設定の使用アンペアの容量を下げ、その分の基本料金を下げる方法もあります。

6 ネット専業銀行を使う

手間なし度　★★★★
効果　★★

振り込み、入出金の手数料は、数百円とはいえたび重なると大きな出費になります。ネット専業銀行を賢く利用すれば、手数料は確実に抑えられます（33ページ参照）。

7 価格比較サイトを利用する

手間なし度　★★★★
効果　★★★★

家電の購入やインターネットプロバイダの契約などは、各社の料金を比較してくれる価格比較サイトを利用。ランニングコストなど利用者の声も参考になります。

記録で終わらせない 家計簿の読み方

家計簿は年末の集計が大切

「家計簿をつけているのにお金が貯まらない」という人は多いようです。

家計簿をつけっぱなしで終わらせては宝の持ちぐされ。きちんと分析してこそ、貯蓄につながります。

年末には家計を集計し、夫婦で報告会を開いてみてはいかがでしょう。

家計チェックのポイント

■貯蓄目標の達成度

貯金の口座のプラスマイナスを把握し、今年１年でいくらの貯蓄ができたのかを確認しましょう。

貯蓄ペースは計画通りですか？（41ページ参照）足りなければ、削れる部分を探してみましょう。優先度の低いところから予算を減らすのが、ストレスの少ない倹約方法です。

■散財の原因を突き止める

年間集計をして、使いすぎだと感じた費目は、その中でも何が散財の原因なのかを考えてみましょう。

たとえば食費が高いなら、原因はお酒か外食か……というように検討します。外食が多いようなら、来年の家計簿では外食費の費目と予算を独立させてみましょう。

かかっている費用が浮き彫りになり、抑えようという気持ちにつながります。

やってみよう！ **WORK SHEET**

家計簿の年間収支を集計をしよう

支出の費目は自分がつけている家計簿に合わせましょう。前年のデータがあれば、それと比べてみるのもおすすめです。今年の感想や来年の抱負も夫婦で話し合いましょう。

記入日

費目	年	年
年間収入	円	円
手取り	円	円
その他	円	円
年間支出	円	円
	円	円
	円	円
	円	円
	円	円
	円	円
	円	円
	円	円
	円	円
	円	円
	円	円
年間収支（収入ー支出）	円	円
貯蓄・運用	円	円

今年の感想・メモ（大きな買い物など）

来年の抱負・メモ（欲しいものなど）

お金にまつわる書類の保管・整理方法

レシートは保管と処分に分けて

家計簿をつけた後のレシート、すべて捨ててはいけません。実は、保管しておくべきレシートがあります。

下の図を参考に、必要なレシートは取っておきましょう。定期的に整理し、保管期間を過ぎたら処分。不要になったレシートをいつまでもため込んで必要なものと混ざらないようにしましょう。

保管すべきレシートと期間

種類	目的	期間
クレジットカードのレシート	引き落とし前にカード会社から連絡された利用明細と、手元のレシートを比べ、余分な請求がないかをチェックする	【1～2か月】 請求額が確定するまで
電化製品のレシート	保証書がレシートと一緒になっているものも。取り扱い説明書と一緒に保管し、故障の際にも対応してもらえるように	【1～5年】 保証期間が終わるまで
税金・年金関係の領収書	金融機関窓口から自分で税金や年金を収めた場合は、その証明のため	【最大45年】 支払いが証明されるまで
医療関係のレシート	病院での治療費、ドラッグストアでの医薬品代など、医療費控除の対象になるもの。家族の分を合わせて、10万円を超えれば医療費控除の申請ができるため（55、84ページ参照）	【1年】 年度末の確定申告時まで
仕事の経費の領収書（確定申告をする人）	年度末の確定申告で、仕事の経費として申請するため（54ページ参照）	【7年】 確定申告の書類は7年保存が原則

お金に関する書類は1か所にまとめておく

給与明細、年金手帳、保険証券……。お金にまつわる書類は、数えきれないほどあります。必要なときに困らないよう、1か所にまとめておくのが生活の知恵です。

種類ごとに整理して、わかりやすく分類しておくとよいでしょう。ただし、印鑑は別の場所に保管して、盗難対策をしておきましょう。

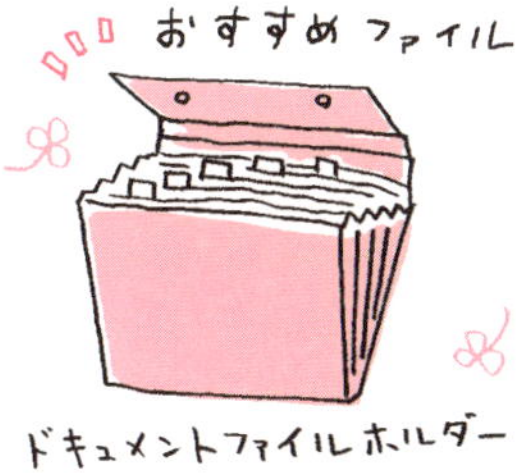

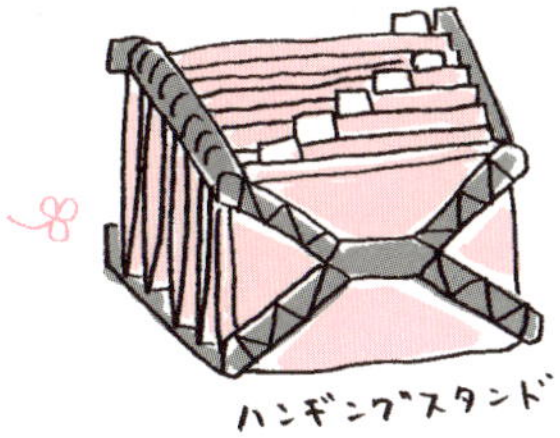

お金にまつわる書類整理の例

●給与・税金関連
過去７年の税金にまつわる書類を、年ごとに分けて保管する。給与明細や源泉徴収表、確定申告の写しや税金の納付書、医療関係のレシートなど。

●年金・退職金関連
年金手帳など、年金・退職金にまつわる書類を保管する（年金手帳は会社が預かっていることも）。

●健康・雇用保険関連
自営業の人は、国民健康保険の領収書や請求書を。会社員は、雇用保険の書類を保管する（会社が預かっていることも）。

●家屋・車関連
賃貸なら賃貸契約書や家賃の領収書。
持ち家なら権利書関係の書類や、住宅ローンの書類などを保管する。
車検証は、車内に保管しておく。

●銀行口座・運用関連
銀行に関する、通帳などの書類を保管する。
運用を行っていれば、証券会社や運用商品の資料を保管する。

●クレジットカード関連
カードごとに利用明細などの関連する書類を保管する。

●保険関連
死亡保険、医療保険などの保険にまつわる、保険証券や支払い記録などの書類を保管する。契約ごとに分けておく。

●やりくり関連
家計のやりくりに関する書類を保管する。本書の「やってみよう！ WORK SHEET」のコピーなど。

クレジットカードの落とし穴にご用心

クレジットカードは「借金」と心得て

現金がなくても買い物ができる、ポイントが貯まるなど、おトクで便利なクレジットカード。

でも、カードはあくまで「借金」。便利さの裏に隠された落とし穴に気づいていますか？

やりくりの足を引っぱられることのないよう、カードと賢くつき合いましょう。

クレジットカードとの賢いつき合い方

1. 予算管理を徹底する

カードで怖いのは、今月いくら使い、予算がいくら残っているのかがわからなくなること。こまめに家計簿をつけるか、袋分け（42ページ参照）でカードの袋をつくり、予算の残高が目に見えるようにしておきましょう。

2. 支払いは一括が基本

カードにはさまざまな支払い方法がありますが、おすすめは一括払いです。分割やリボ払いでは、高い利息の分、余計なお金を支払うことになり、家計を圧迫します。

3. 衝動買いの道具にしない！

「この服かわいい！カードなら買える！」という考えはムダ遣いのもと。お財布の中の現金も銀行の残高も、すぐには減らないため、お金を使った実感がわきません。

衝動買いをしそうになったときは、お財布の現金と相談し、歯止めをかけましょう。

リボ払いは借金アリ地獄の入口

カードの支払い方法のひとつに、リボルビング払い(リボ払い)があります。1回の支払い額を指定し、指定額を超えた分は翌月以降に回すという方法です。いくら買い物をしても毎月の支払額は一定なので、支出を把握しやすい点がメリットともいえます。

ただし、リボ払いには15%以上の高い利息がつくことを忘れてはいけません。支払いを先延ばしにして、未来の自分が使えるはずのお金を使い込んでいるにすぎないのです。

支払いは一括。一括で買えないものには手を出さないのが基本です。

リボ

クレジットカードの支払い方法

●一括払い
買い物した翌月にまとめて全額を支払う方法。利息がかからない。

●分割払い
支払い回数を指定して数か月かけて支払う方法。利息がつく。

●リボ払い
1回に支払う金額を一定にし、数か月かけて支払う方法。利息は高め。

●あるとき払い
リボ払いの変形で、月々の支払いは定額だが、余裕のある月だけ多く支払う方法。利息は高め。

●ボーナス払い
ボーナス月にまとめて、もしくは半年ごとの2回に分けて払う方法。利息はかからない。

リボ払いの支払い例

20万円の旅行代金の支払いで…

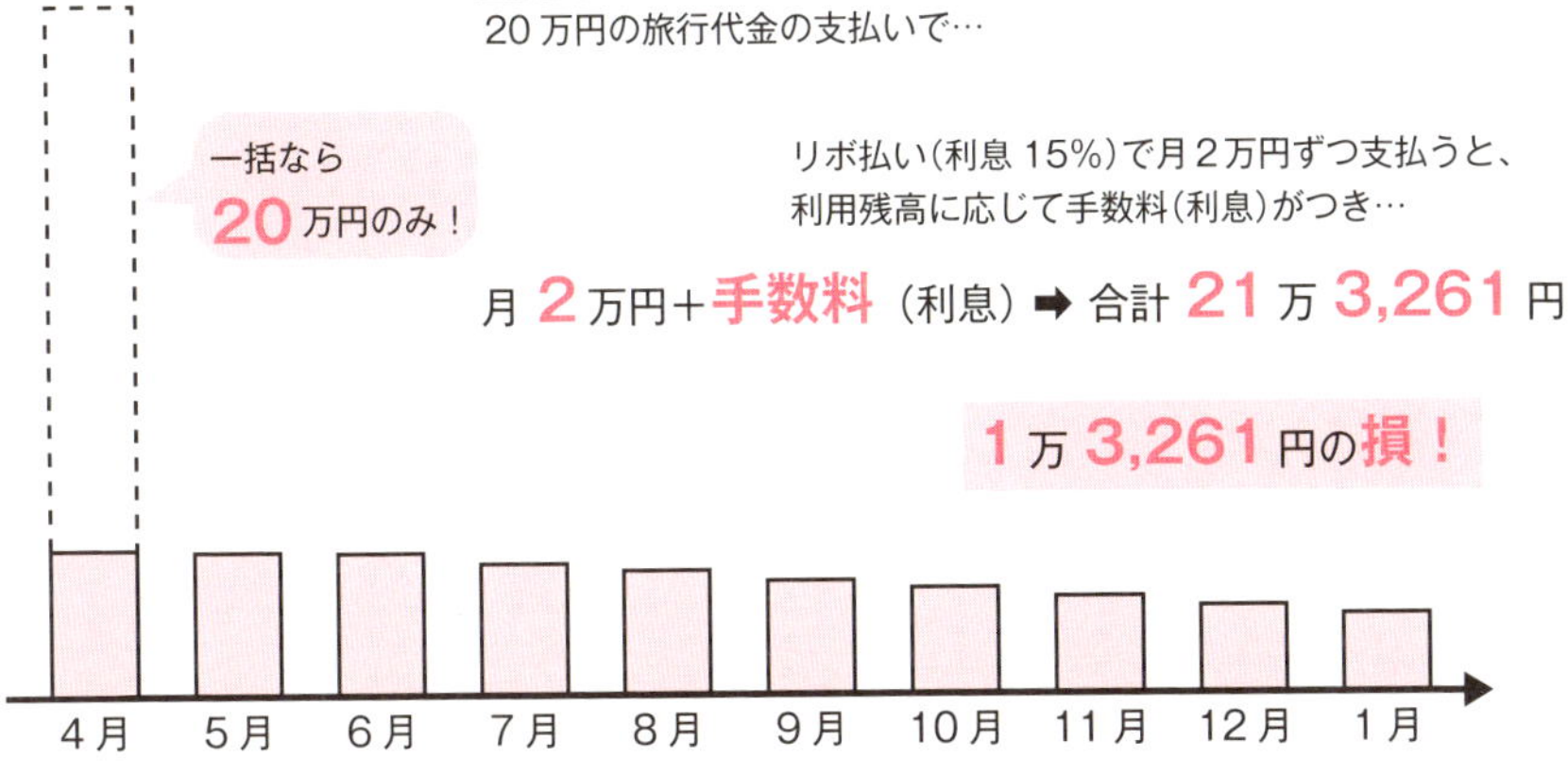
一括なら
20万円のみ!
リボ払い(利息15%)で月2万円ずつ支払うと、
利用残高に応じて手数料(利息)がつき…
月2万円+手数料(利息) ➡ 合計21万3,261円
1万3,261円の損!
4月
5月
6月
7月
8月
9月
10月
11月
12月
1月

給与明細の読み方

給与明細のチェックポイントを知ろう

会社員なら毎月もらう給与明細。きちんと目を通したことはありますか？ 22ページ「夫婦の手取り収入を把握しよう」では、給与明細から正確な手取り収入を知る方法を紹介しました。

ここでは、給与明細のチェックポイントや、給与から引かれるお金の内訳について紹介します。

給与明細書

20XX年X月

家計やりくり 社

所属氏名	所属	社員番号	氏名
	営業部	333	土屋けい太 様

① 勤怠	労働日数	出勤日数	有給休暇日数	慶弔休暇日数
	21	20	1	0
	欠勤日数	遅刻回数	早退回数	超勤時間
	0	0	0	30

② 支給	基本給	実績給	住宅手当	家族手当	時間外手当	通勤手当
	175,000	44,000	35,000	0	65,505	18,165
	皆勤手当	精勤手当	調整手当	資格手当		
	0	0	0	0		

③ 控除	所得税	住民税	健康保険料	介護保険料	厚生年金保険料	雇用保険料
	6,010	10,600	8,943	0	24,891	2,026
	社宅費	社宅光熱費	現金支給控除	財形貯蓄		その他控除
	0	0	0	40,000		

総支給額	控除合計額	差引支給額	銀行振込額
337,670	92,470	245,200	245,200

① 勤怠項目

1か月の勤務状況が記載される欄。

チェックポイント

・残業時間や休日出勤時間、欠勤・遅刻などの時間や回数が合っているか。

② 支給項目

支給の額と内訳が記載される欄。基本給は、退職金やボーナスの基準になる。

チェックポイント

・時間外手当が残業時間や休日出勤時間と合っているか。

・歩合制の営業では、その月の業績分の手当が出ているか。

❸ 控除項目

年金や税金、保険など、総支給額から控除される内訳が記載される欄。

強制的に天引きされる法定控除と、個人の任意で天引きされるその他の控除がある。その他の控除として天引きされたお金は銀行には振り込まれないが、「手取り収入」に含まれる。

■税金

●所得税
源泉徴収により、毎月給与から天引きされる税金。総支給額から社会保険料と通勤手当を引いた額に税率をかけて計算する。

毎月の源泉徴収で国に収めた所得税額は仮のものなので、年末調整で正確な所得税額を出し、清算される。

●住民税
毎月給与から天引きされる税金で、「都道府県民税」と「市区町村民税」の総称。

前年の所得によって、額が決まる。

所得税の源泉徴収のしくみ

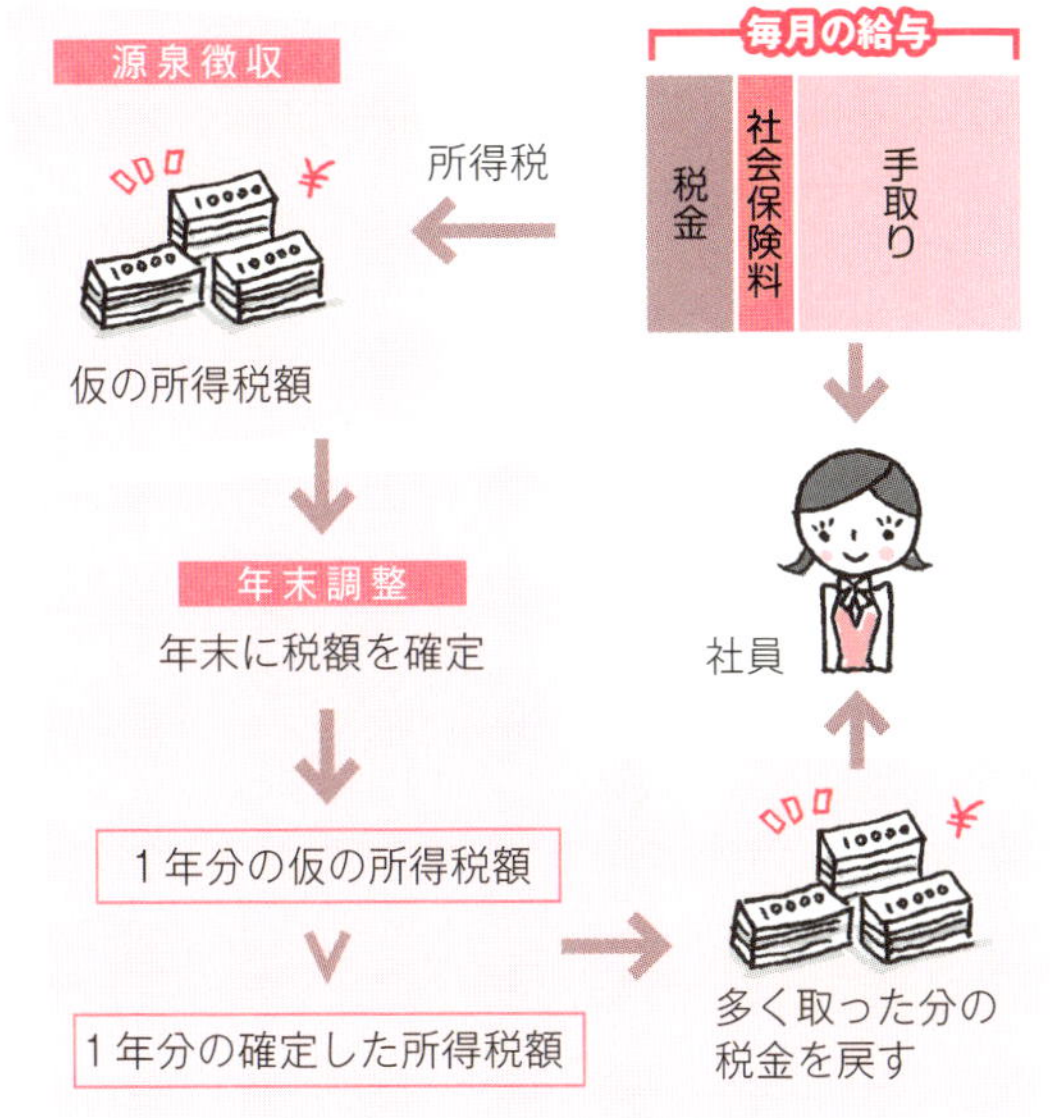

■社会保険

●健康保険（公務員は短期共済）
病院で保険証を提示すれば、3割の自己負担で治療が受けられるのはこの保険によるもの。出産手当、傷病手当金もここから出る。

●厚生年金保険（公務員は長期共済）
障害、死亡や老齢で働けなくなったときに、年金を受け取れる保険。

●雇用保険
職を失ったとき、生活資金や次の仕事を探す活動費として、失業給付金を受けるための保険。そのほか、育児や介護休業をとったときの所得も補償される。

「確定申告」は税金が戻るチャンス

会社員でも申告すればおトクになることが

確定申告とは、個人が1年に払うべき税金を国に申請する制度。難しそうに思えますが、払いすぎた税金が戻ってくるチャンスでもあります。

基本的に会社員は、会社が年末調整を行ってくれるため、手続きは不要。しかし場合によっては、自分で確定申告をしなければならなかったり、したほうがおトクになることもあります。

■確定申告をしなければならない人

1. 自営業の人
2. 会社員で年収が2,000万円以上の人
3. ふたつ以上の会社からそれぞれ
   年20万円以上の給与を得ている人
4. 年20万円以上の副収入がある人　ほか

■確定申告をしたほうがおトクな人

1. 年10万円以上の医療費を払った家族
2. 前年に住宅ローンを組んだ人
3. 家や自動車が災害・盗難に遭った人
4. 前年に退職して年末調整を
   受けていない人　ほか

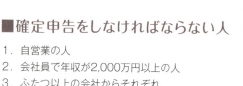

教えて！
お金のギモン

Q. 確定申告はいつでもできるの？

A. 毎年1か月間の期間が決まっています。

確定申告書の提出期間は毎年２月16日～３月15日までの１か月間。ただし、医療費控除などで税金を戻してもらうための還付申告は１月１日から受け付けています。

また還付申告については、領収書と源泉徴収票さえあれば、５年前までさかのぼって、いつでも申告することができます。

申告から１～２か月後には、還付金が振り込まれます。

Q. 申告は国税庁や税務署へ行かなきゃできないの？

A. 郵送またはインターネットでも可能です。

e-Taxを使えば、申告手続きをネット上で行うことができます。データを入力するだけで、医療費の領収書や源泉徴収票を提出する必要もありません。ただし、そのためには電子証明書とＩＣカードリーダライタの準備が必要です。

毎年申告するのでなければ、データ入力したものをプリントして郵送したほうが簡単。その場合は、領収書・源泉徴収票の原本が必要です。

詳しくは国税庁のＨＰをご覧ください。

国税庁ＨＰ
http://www.nta.go.jp/

Q. 医療費控除の対象になるのは？

A. 治療費・入院費・薬代・通院の交通費など。
詳しくは下の表を参考に。 ※出産の場合は84ページを参照

対象になるもの	対象にならないもの
・治療費 ・入院費 ・薬代 ・通院の交通費 ・健康保険のきかない治療費 ・不正咬合などの歯列矯正　など	・本人が希望した差額ベッド代 ・入院中の身の回りの品 ・車で通院したガソリン代 ・サプリメント ・美容のための歯列矯正　など

収入が不安定な夫婦のやりくりは

自営業をしていたり、
会社員でも完全歩合制であれば
収入が大きく変動することも
あるでしょう。
その場合、月々のやりくりは
さらに難しくなります。

コツは、平均の収入より
やや少ない予算で
やりくりすること。
平均よりも多かった月は
お金を蓄えておき、
平均よりも少なかった月に
使用しましょう。

自営業・フリーランスなら
税金や年金を納める計画も

会社員なら会社が行ってくれる
税金や年金の支払い手続きも、
自営業やフリーランスは
すべて自分で行わなければ
なりません。

いつ、いくらを支払うのかを
しっかりとおさえて、
そのための計画的な積み立てを
しておきましょう。
家計の出費とは分けて管理するのが
おすすめです。

また、退職金がなく、
公的保障は国民年金のみという
老後の不安もあります。
老後資金の準備ははやめに
しておきましょう。

第2章
夢をかなえる！ライフプラン

毎月の上手なやりくりの方法がわかったら、
今度はふたりで歩む、永い人生を見つめてみましょう。
子どもやマイホーム、海外旅行――。
ふたりが持っている夢を話し合い、
その夢をかなえるためのライフプランを立てましょう。

ふたりでライフプランを話し合おう

帰宅後
ねぇ、考えたんだけどライフプランを立てようよ
ライフプラン？
どうしたの突然…
『ふたりではじめる！家計のやりくり』に書いてあるの
マンション
高級車
一戸立て
夫婦の夢を確認して、人生を設計するんだよ！
だからねっ今日の車の買い替えも含めて、ふたりで考えてみようよ！
この本にも書いてあるんだから
じ…人生を設計!?

ライフプランとは？

今後のやりくりには長期的な視点が必要に

「収入は年々増える」「貯金は銀行に預けて増やす」。以前はこれが常識でした。ところが今は違います。年収は増えないどころか、税金・社会保険料の負担の増加で、減ることも。銀行の金利も昔ほど期待できません。

これからは、ただ闇雲《やみくも》に節約すれば人並みの豊かさが手に入るとはいいきれない時代になります。

夫婦の価値観に合った夢を見出し、ふたりらしい「豊かさ」を得るために、ライフプランが必要になります。

「ライフプラン」は人生の設計図

マイホームや海外旅行などの家族のイベントを漠然《ばくぜん》と夢見るのではなく、人生の設計図に描いていくこと――それがライフプランです。

「いつ」「誰が」「いくらで」などを具体的に計画していくのがポイント。ライフプランを立てることで先の見通しが立ち、今、何をすべきか、ということも判断できるようになります。

ライフプランのメリット

- 将来の夢を具体的にイメージできて、夫婦の目標がはっきりする
- 夢の実現に必要な資金がわかり、長期的な視点に立った貯蓄プランが立てられる
- 家族の協力態勢がつくりやすい

ライフプランを立てる手順

1. ライフイベントの計画を立てる

子ども・住宅など、ふたりの夢を話し合い、必要な予算を確認します。→62ページ～

2. 毎年の支出を計算する

生活費など、毎年必ず必要になる支出を計算します。→64ページ

3. ライフプラン表をつくる

ライフイベントの時期を設定。今後の収入、支出から何十年にわたるお金の流れを計画します。→65ページ～

4. 貯蓄残高を見て対策を考える

資金が不足する場合、収入アップや資産運用などを検討し、対策を立てます。→70ページ～

5. 夢がかなう！

経済的にどうなるかわからないけど、子どもはふたり欲しい
毎年の支出は５００万円くらい
1年後、3年後に子どもをもうけるなら、19年後、21年後に大学費として５００万円ずつ必要
夫の収入だけなら子どもはひとりまで。妻もパートに出ることで、年１５０万円の収入アップ
子どもをふたり、育てられそう！

ライフイベントの計画を立てる

まずは、夫婦それぞれの夢を書き出してみる

夫婦が楽しく充実した暮らしを送るには、ふたりのライフイベントを計画することが大切です。家は買うのか、子どもはいつ産むのかなど、ふたりで話し合ってはじめて、共通した目標を持つことができます。

そこでおすすめなのが、「ライフイベント・シート」づくり。小さくても、夢に近づく一歩を踏み出せます。

WORK SHEET 記入例

ライフイベントを考えるときは、①住居は賃貸か持ち家か、②子どもはいつごろか、という2点については、必ず話し合っておきましょう。必要経費の金額は、本書で該当するページを参考にしましょう。

		夢	実現時期	必要経費	今月すること
夫	仕事	海外研修	29歳○月	20万円	英会話の勉強をはじめる
夫	プライベート	マイホーム購入 車の買い替え	30歳○月 35歳○月	頭金300万円 ローン2,500万円 150万円	チラシを集めてイメージを固める
妻	仕事	資格を取る	29歳○月	10万円	通信教育のパンフレットを取り寄せる
妻	プライベート	子ども（1人目） 子ども（2人目） 海外旅行	29歳○月 31歳○月 38歳○月	出産10万円 教育費500万円 出産10万円 教育費500万円 40万円（4人で）	評判の産婦人科についてリサーチ 今月から旅行資金の貯金をはじめる

やってみよう！ **WORK SHEET**

ライフイベント・シートをつくろう！

ここでは、ふたりが「やってみたい」と思うことを書き出します。大きすぎると思える夢でも、とにかく文字にすることが大切。実現できるかどうかは、ライフプランを立ててからじっくり検討します。
具体的な実現時期を設定し、今月することを書いて実行すれば、夢へのステップにつながります。

記入日

		夢	実現時期	必要経費	今月すること
夫	仕事				
	プライベート				
妻	仕事				
	プライベート				

毎年の支出を計算、ライフプラン表をつくる

家計簿を参考に毎年かかる支出を整理

前ページでライフイベントの計画を立て、将来必要になる一時的な支出がわかりました。

ここでは、家計簿を参考にして、毎年必ずかかる支出を計算してみましょう。

やってみよう! **WORK SHEET**

毎年の支出を計算してみよう!

毎年かかるお金の費目と金額を【例】のように書き出します。費目は生活費や住宅費など、大きな金額ごとに立てましょう。

47ページで1年の決算を行った人は、その金額を目安にするとよいでしょう。まだの人は、毎月の平均額を1年に換算しましょう。


【例】

費目	金額
生活費（食費・雑貨）	230万円
住宅費	100万円
趣味・お小遣い	70万円
保険料	25万円
教育費	0万円
特別出費	10万円

記入日

費目	金額
生活費（食費・雑貨）	万円
住宅費	万円
趣味・お小遣い	万円
保険料	万円
教育費	万円
特別出費	万円

いよいよ！ライフプラン表の記入の仕方

今後必要になる一時的な支出と毎年の支出がわかったら、68ページの表を使ってライフプラン表づくりに取りかかりましょう。

今後数十年にわたる毎年の収支と貯蓄額を算出していきます。

書き方は、66ページの記入例を参考にして下さい。

1．「経過年数」「西暦」「年齢」を記入する

・子どもがまだの場合は、産む予定の年から「年齢0、1…」と記入していく

2．「収入」を記入する

・現在の「収入」の欄に、23ページで出した年収を記入する
・年収の上昇を（妻は出産・育児による減収も）見込み、今後の年収を記入する
・そのほかの見込まれる収入も記入し、毎年の収入の合計を計算する

3．「支出」を記入する

・右ページの毎年の支出を、毎年かかるお金の費目としてそれぞれの費目に記入する。「生活費」や「趣味費」などは、変動も見込む
・63ページで立てたライフイベントを「家族のイベント」の欄に記入し、「特別出費」の欄に金額を記入する
・保険料は、更新後の保険料も調べて記入する
・毎年の支出の合計を計算する

4．「収支」を記入する

・年ごとに収入から支出を差し引き、収支の欄に記入する

5．「貯蓄残高」を記入する

・前年の貯蓄残高に収支を加え、毎年の貯蓄残高の合計を計算する

WORK SHEET 記入例【ライフプラン表】

夫29歳、妻27歳、共働き家庭のライフプラン表の記入例です。

7年	8年	9年	10年	11年	12年	13年	14年	15年
2017	2018	2019	2020	2021	2022	2023	2024	2025
36	37	38	39	40	41	42	43	44
34	35	36	37	38	39	40	41	42
5	6	7	8	9	10	11	12	13
3	4	5	6	7	8	9	10	11
	子ども 小学校 入学		子ども 小学校 入学	海外旅行	住宅 メンテナ ンス		子ども 中学校 入学	
450	450	500	500	[illegible]	[illegible]	525	525	550
60	60	60	120	120	120	120	120	120
	30		30				20	
510	540	560	650	620	645	645	665	670
250	250	260	260	260	[illegible]	[illegible]	270	280
130	130	130	130	130	[illegible]	[illegible]	130	130
60	60	60	60	70	70	70	70	70
35	35	35	35	35	45	45	45	45
30	50	50	70	70	70	70	80	80
10	20	10	20	50	110	10	20	10
515	545	545	575	615	695	595	615	615
−5	−5	15	75	5	−50	50	50	55
−140	−145	−130	−55	−50	−100	−50	0	55

子ども進学で、
パート収入アップ

保険更新で、
保険料アップ

金額単位：万円

経過年数		0年	1年	2年	3年	4年	5年	6年
西暦（年）		2010	2011	2012	2013	2014	2015	2016
年齢（歳）	夫	29	30	31	32	33	34	35
	妻	27	28	29	30	31	32	33
	子ども１人目			0	1	2	3	4
	子ども２人目					0	1	2
家族のイベント		夫 海外研修	住宅購入	妻出産/退職/資格取得		妻出産	子ども 保育園入園 妻 パート開始	車買い替え
収入	夫手取り	400	400	400	425	425	425	450
	妻手取り	300	300	0	0	0	60	60
	その他			50		50		
	収入計	700	700	450	425	475	485	510
支出	生活費	230	230			240	240	250
	住宅費	100	500			130	130	130
	趣味・お小遣い	70	70	50	50	50		
	保険料	25	25	35	35	35		
	教育費	0	0	0	0	0	35	30
	特別出費	30	100	40	20	20	20	200
	支出計	455	925	485	475	475	510	705
年間収支		245	−225	−35	−50	0	−25	−195
貯蓄残高合計		395	170	135	85	85	60	−135

子ども誕生で、保険料アップ

6年後にはマイナスに！

白紙のままコピーしておけば、16年目以降のプランを立てたり、プランを立て直すときに使えて便利！

記入日

金額単位：万円

やってみよう！ WORK SHEET ライフプラン表を書こう

前ページの記入例を参考に、ライフプラン表を書いてみましょう。

※運用率の書き方は73ページで紹介。

経過年数								
西暦（年）								
年齢（歳）	夫							
	妻							
	子ども							
家族のイベント								
収入	夫手取り							
	妻手取り							
	その他							
	収入計							
支出	生活費							
	住宅費							
	趣味・お小遣い							
	保険料							
	教育費							
	特別出費							
	支出計							
年間収支								
貯蓄残高合計								
※運用率（　　%）								

将来の貯蓄残高がマイナスになったら

今のままだと資金不足！ピンチをどう乗りきる？

「ライフプランを立ててみたら、夢に見合うだけの資金が足りないとわかった――」もともと資金に合わせてプランを立てているわけではないので、そんなことも十分考えられます。

ここでは、資金不足がわかったときにとるべき対策を考えてみましょう。

1 支出を減らす

■家計を見直す

生活費や保険など、支出にムダがないか見直しましょう。保険の見直しについては、第５章で詳しく解説しています。

■住宅ローンの繰り上げ返済

住宅ローンがあるなら、繰り上げ返済を。利息が軽減されれば、その分トータルで支払う金額は少なくなります。

■住宅ローン以外の借金を完済!

住宅ローン以外に、車のローンやリボ払いなどの借金があるなら、金利の高いものから優先して返済しましょう。
貯蓄よりも、借金の返済を優先するべきです。

貯蓄よりも借金返済のわけ

30万円をリボ払い（金利15.0%）で５年かけて返済
→利息として12万円余分に払う
30万円を金利0.2%で５年間貯蓄
→利息は3,000円にしかならない
つまり…
30万円の借金をするくらいなら、貯蓄から30万円出したほうが
→11万7,000円もおトク！

2 収入を増やす

■妻も収入を得る

年収100万円でも、20年で2,000万円に！

貯蓄に回せば、立派な蓄えになります。

■キャリアアップを考える

最初はちょっと資金がいりますが、ここは自己投資！ 資格を取って、時給や年収をアップさせるのもひとつの方法です。

■転職する

今の職場で、今後も満足のいく給与を得られないとわかっているなら、思いきって転職することも考えてみましょう。

転職を考えるなら、若いうちが有利です。

3 運用率をアップする

預貯金で期待できる利息はわずかです。

５年以上使わないお金は、ただ銀行に預けっぱなしにするのではなく、やや高めの利回りで運用して、お金自身に働いてもらいましょう。

特に教育資金のような10年以上使わないお金は、利回り３～５％を目標にしましょう。

運用の詳細は第６章で紹介します。

月々2万円での積み立てでも…　　1,000円以下四捨五入／金額単位:万円

1年複利	5年後	10年後	15年後	20年後	30年後
0%	120	240	360	480	720
1%	123	253	389	532	840
3%	130	280	455	658	1,168
5%	137	312	537	825	1,671

０％の例：タンス貯金、普通預金、国債　など
１％の例：定期預金やＭＭＦ、公社債投資信託　など
３％の例：外貨預金や債券型投資信託　など
５％の例：株式投資信託　など

ライフプラン表　見直し例

66ページの夫婦が、マイナスになったライフプランを見直してみました。

7年	8年	9年	10年	11年	12年	13年	14年	15年
2017	2018	2019	2020	2021	2022	2023	2024	2025
36	37	38	39	40	41	42	43	44
34	35	36	37	38	39	40	41	42
5	6	7	8	9	10	11	12	13
3	4	5	6	7	8	9	10	11
	子ども 小学校 入学		子ども 小学校 入学 妻 フルタイム勤務 開始	海外旅行	住宅 メンテナンス		子ども 中学校 入学	
450	450	500	500	[illegible]	[illegible]	[illegible]	525	550
200	200	200	250	250	250	250	300	300
	30		30				20	
650	680	700	780	750	775	775	845	850
250	250	260	260	260	270	270	270	280
130	130	130	130	130	130	130	130	130
60	60	60	60	70	70	70	70	70
30	30	30	30	30	30	30	30	30
65	55	55	70	70	70	70	80	80
10	20	10	20	40	110	10	20	10
545	545	545	570	600	680	[illegible]	[illegible]	[illegible]
105	135	155	210	150	95	[illegible]	[illegible]	[illegible]
570	705	860	1,070	1,220	1,315	1,510	1,755	2,005
659	814	994	1,233	1,420	1,558	1,800	2,099	2,412

子ども進学で
フルタイム勤務に復帰

66ページの見直し前と
比べて2,357万円プラス!!

金額単位：万円

経過年数		0年	1年	2年	3年	4年	5年	6年
西暦（年）		2010	2011	2012	2013	2014	2015	2016
年齢（歳）	夫	29	30	31	32	33	34	35
	妻	27	28	29	30	31	32	33
	子ども			0	1	2	3	4
	子ども					0	1	2
家族のイベント		夫 海外研修	住宅購入	妻出産/ 産休·育休/ 資格取得	子ども 保育園 入園 妻 時短勤務 開始	妻出産/ 産休・育 休	子ども 保育園 入園 妻 時短勤務 再開	車 買い替え
収入	夫手取り	[illegible]	[illegible]	[illegible]	425	425	425	450
	妻手取り	[illegible]	[illegible]	[illegible]	200	100	200	200
	その他			50		50		
	収入計	700	700	600	625	575	625	650
支出	生活費	[illegible]	[illegible]	[illegible]	240	240	240	250
	住宅費	[illegible]	[illegible]	[illegible]	130	130	130	130
	趣味・お小遣い	70	70	50	50	50	50	60
	保険料	25	25	30	30	30	30	30
	教育費	[illegible]	[illegible]	0	30	50	75	65
	特別出費	[illegible]	[illegible]	[illegible]	[illegible]	[illegible]	20	200
	支出計	[illegible]	[illegible]	[illegible]	[illegible]	[illegible]	545	735
年間収支		245	−225	120	125	55	80	−85
貯蓄残高合計		395	170	290	415	470	550	465
運用率（3%）		395	182	307	442	510	605	538

産休・育休を利用して時短勤務で仕事復帰

保険料は更新のないタイプに変更

子ども誕生で保険料アップ

貯蓄を3%で運用したとして、前年の貯蓄残高に1.03をかける

ライフプランは定期的な見直しを

何が起こるかわからないのが人生。
突然、仕事の都合で引っ越しが決まったり、
赤ちゃんができたら双子だった！
ということがあるかもしれません。
また、自分の身の回りでは表立った変化が
なくても、金利の変化が影響し、
当初立てたプランから
ズレが生まれていることも。

ライフプランは定期的に見直しをして、
その時々のふたりに合った
プランを立てましょう。
夢への意識もぐっと高まります。

年末の家計簿決算と一緒に見直すと効果的

46ページで、家計簿は年末に決算をして
１年の見直しをすることを
おすすめしました。
そのときに一緒に、
ライフプランと
照らし合わせるとよいでしょう。
その年の貯蓄は、ライフプランで
予定した貯蓄額に達していますか？

家族から「来年は○○がしたい！」という
希望が出てきたら、それが可能かどうか、
ライフプランを見ながら
話し合いましょう。

第3章

子育てにかかるお金

子どもにかかる教育資金は、
住宅費、老後の生活費と並ぶ、人生の三大支出のひとつ。
もうお子さんがいる夫婦も、これからの夫婦も、
いくらかかるのか気になるところでは？
この章では、妊娠・出産から大学卒業まで
子育てに必要なお金と、その貯蓄方法を紹介します。

子どもができるとお金がかかる？

特に、働くママには手当が厚いの！
産休中も給料の半分がもらえるんだもん
出産を機に退職しちゃおうと思ってたけど、もったいなくて
なるほど…
その夜
ただいまー
何してんの？
おかえり…
カチャカチャ
いつ子どもが生まれてもいいように、近くの産婦人科の料金体系と、自治体の手当の内容、国の子育て支援対策について調べてるの！
子育て支援…？
？
いやいや、ちょっと気がはやいんじゃない？

妊娠・出産で出ていくお金

赤ちゃんの誕生までにいくらかかる?

待ちに待った妊娠。家族が増え、幸せも倍以上になることでしょう。

しかし、同時にふくらむのが出産費用への不安です。妊婦健診や出産で実際に出ていくお金はいくらくらいなのか、ここでおさえておきましょう。

1 妊婦健診のお金

妊婦健診は健康保険の適用にならないため、費用は自己負担。14回までは助成を受けられます(81ページ参照)が、健診の回数が多ければ高額負担になることも。

妊婦健診費

1回の妊婦健診費用は5,000円前後。
検査数が多いなどの理由で、高額になるときの健診費用は、
1回平均1万2,000～1万5,000円。
※妊婦健診は、出産までに計14回くらい受診することが望ましいとされている

マタニティ・ベビー用品のお金

限られた期間のみ着用するマタニティウェアは、手持ちのゆったりした服では間に合わなくなったときに購入しましょう。

ベビー用品はお下がりも活用。最近では通販やリサイクルショップ、ネットオークションでもかわいくて手ごろなものが手に入ります。

2 出産のお金

妊婦健診と同様に、出産も健康保険が適用されません。出産費の多くは出産一時金（39～42万円、81ページ参照）でまかなえますが、入院期間によってオーバーすることも。

出産費

入院費（部屋代、食事代等）	10万～30万円
分娩費（手術、分娩介助、胎盤処理等）	10万～30万円
新生児の検査費用	3万～5万円
その他消耗品を合わせた平均合計出産費用	40万円前後

※分娩方法によっても費用は変わる。無痛分娩は自然分娩プラス3～5万円。帝王切開などの場合は健康保険や給付金の適用がある

教えて！ お金のギモン

Q. 赤ちゃんイベントっていくらかかるの？

A. 簡略化すれば、5,000円～でOK!

●命名式・お七夜【食事代1万円～】
赤ちゃんが生まれて7日目に命名書を飾り、お赤飯などのお祝い膳をいただきます。最近は簡単な食事ですませることも。

●お宮参り【祝詞料金5,000～1万円】
生後30日後に神社に参拝し、赤ちゃんの健康を願います。記念撮影や会食をする場合は、その費用も必要に。

●お食《く》い初《ぞ》め【祝い膳セット5000～1万円】
生後100日目に、食べるものに困らないようにという願いを込めて、はじめてご飯を食べさせるまねをします。

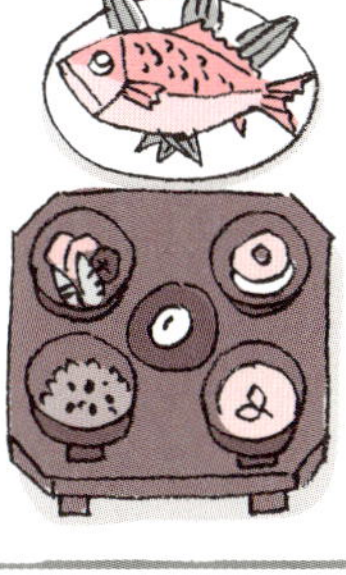

Q. いただいたお祝いのお返しは？

A. いただいたものの半額～3分の1程度の品物を。

生後1か月以内にいただいたものの半額～3分の1程度で、海苔やタオルのような実用品をお返しします。

妊娠・出産でもらえるお金と助成

申請もれは大きな損！情報収集ははやめに

出産にあたって忘れてはならないのが、国や市区町村から受けられる補助制度への申請です。

期限が切れて補助が受けられなかったということにならないよう、はやめはやめに行動しましょう。

自分がもらえるお金をチェックしよう

どの条件に自分があてはまるのかをチェック！

もらえるお金がわかったら、次ページからの届出先や内容、期限を詳しく確認していきましょう。

○もらえる　×もらえない　△条件によってもらえる

	ずっと専業主婦	妊娠中に会社を退職	産休・育休をとって仕事を継続	自由業自営業
妊婦健診費用助成	○	○	○	○
出産育児一時金	○	○	○	○
出産手当金	×	×	○	×
育児休業給付金	×	×	○	×
失業給付の延長	×	△	×	×
高額療養費制度	△	△	△	△
医療費控除	△	△	△	△

1 全員がもらえるお金

住んでいる地域によっては制度や条件が違うことがあるので、詳しいことは役所で確認しましょう。

妊婦健診費用助成

14回分の妊婦健診を補助する制度。母子健康手帳と一緒に「妊婦健康診査受診票」（補助券）をもらい、それと引き換えに健診を受けられます。
15回目以降の健診費は自己負担になります。

対象者：妊婦全員
届出先：市区町村役場
内容：健診14回分（地域差あり）
期限：妊娠がわかって母子手帳をもらった後の健診から、出産まで

出産育児一時金

事前に「合意書」にサインしておくと、健康保険組合から医療機関に直接、出産育児一時金が支払われます（なかには対応していない医療機関も）。ただし、限度額の42万円を超えた分は自己負担になるので、個室や分娩方法などはよく検討しましょう。

対象者：妊娠４か月（85日）以上で出産（流産）した方
届出先：健康保険組合窓口または病院にて「合意書」にサイン
内容：原則42万円／新生児１人
　（産科医療補償制度に加入していない病院では39万円）
期限：健康保険者窓口または病院で確認
※金額と直接支払い制度は2011年3月までの暫定措置

2 働くママがもらえるお金

出産後も仕事を続けることで、産休･育休中の収入減を補う制度があります。
妊娠がわかったら、勤務先に確認してみましょう。

出産手当金

産休中は勤務時の給与の約３分の２が支給されます。産休中に給料が出ない人、出ても３分の２以下の人は勤務先に迷わず申請しましょう。

対象者：産休をとって仕事を続ける会社員か公務員
届出先：勤務先窓口
内容：平均報酬日額（各種手当含む月収÷30日）× 2/3×日数分（産前42日と産後56日で休んだ期間）
期限：産休開始日の翌日から2年以内
※共済組合は異なる場合も

育児休業給付金

育児休業中は子どもが１歳になるまで（保育園に入園できない場合は１歳半まで）、給料の半分が給付されます。パパでもＯＫ。
雇用保険から支払われる給付金なので、条件さえ満たせば、パートやアルバイトも給付を受けられます。

対象者：１歳未満の子どもを育てるために育児休業をとる、雇用保険の加入者（育児休業開始前の２年間に最低１年間勤めていること）
届出先：勤務先窓口
内容：子どもが１歳になるまで（保育園に入園できない場合は１歳半まで）／給料の50%（暫定措置が終われば40%に）
期限：育児休業開始翌日から10日以内

失業給付の延長

再就職活動中の人の生活を支える「失業給付金」。失業から1年間は、条件によって定められた日数分の給付金を受けることができます。ただ、妊婦さんはすぐに仕事探しができないため、支給の対象外です。そこで妊婦さんには、受給期間の延長が認められています。

対象者：退職前に雇用保険に加入していて、将来働く意思がある妊婦（11日以上働いた月が通算して12か月以上あること）
届出先：ハローワーク
内容：失業給付金の受給可能期間を、本来の1年間に3年加えて、最長4年間まで延長できる。支給額は「賃金日額の50～80%×支給日数」。支給日数は、雇用保険加入期間10年未満で90日、10～20年で120日（妊娠で退職した場合）
期限：退職後31日目から1か月間

どうしても出産費用が準備できない人は…

出産育児一時金の直接払いに対応していない産院を利用し、出産費用が用意できない人もいるかもしれません。
「出産育児一時金貸付制度」を使えば、無利息で融資を受けることができます。

出産育児一時金貸付制度

対象者：出産予定日まで1か月以内の人
妊娠4か月（85日）以上で、医療機関に一時的な支払いをする人
届出先：国民健康保険は市区町村役場
会社員は健康保険組合窓口
内容：1万円単位、貸付限度額33万円まで
期限：貸付金の返済は出産育児一時金の給付金をあてます。詳しくは各HPまたは窓口へ

3 高額医療費でもらえるお金

妊娠中に病気になったり、切迫流産・早産・逆子・帝王切開になった場合は、健康保険が適用されるため、自己負担額は総医療費の３割でOK。それでも自己負担額が高額になった場合は、手続きすれば一部のお金が戻ります。

高額療養費制度

１か月の医療費の自己負担額が一定額（月収が53万円までの会社員で、８～９万円が目安）を超えた場合は、その分のお金が戻ってきます。

対象者：１か月の医療費の自己負担額が「8万100円＋（総医療費－26万7,000円）×0.01」を超えた人（月収が約53万円までの場合）
届出先：国民健康保険は市区町村役場
　　　　会社員は勤務先か健康保険組合窓口
内容：自己負担限度額を超えた分
期限：支払日の翌日から２年以内（各窓口で確認）

医療費控除

出産では、トラブルなどにより予想外に医療費がかさむことも。年間で10万円以上かかった場合、確定申告をすれば、オーバーした金額にかかった所得税を「税金の払いすぎ」として戻してくれます（54ページ参照）。

●医療費控除の対象になるもの
妊娠中の定期健診、検査費用、出産分娩費、入院費、通院交通費、不妊治療費、薬代　など

●医療費控除の対象にならないもの
妊娠検査薬、サプリメント、栄養ドリンク、母親教室の受講料、入院中の身の回り品代、出産のための里帰り費　など

対象者：１年間の家族全員の医療費自己負担額が10万円を超えた人
　　　　所得年収が200万円未満なら所得の5%を超えた人
届出先：税務署
内容：１年の医療費から出産育児一時金や生命保険の入院給付金などの各種給付金を引き、さらに足切り額10万円を引いて所得税率をかけた金額
期限：翌年１月１日から５年間
※医療費として認められるものの領収書は申告に必要なので必ず保管を

自治体が独自に行う出産支援もチェック

次代の地域社会を担う新生児誕生を応援！　そんな支援の輪が広がり、自治体独自に、妊娠・出産支援策をもうけているところもあります。

里帰り出産等妊婦健康診査費助成

里帰り出産をした人に、健診費用の一部が助成される制度があります。

※地域によって内容は異なり、制度がない場合もあります

対象者(例)：出産のため県外に里帰りし、住んでいる地区の医療機関で妊婦健康診査を受診することができなかった人
届出先：市区町村役場
内容：各地域によりさまざま
期限(例)：最終受診日から２年以内

出産支援金

出産祝いとして地域からもらえる贈り物。一般的に１人目からもらえます。

※地域によって内容は異なり、制度がない場合もあります

対象者(例)：出産日に住民登録のある人
届出先：市区町村役場
内容(例)：妊婦１人に対して５万円
期限(例)：母子健康手帳を受け取ってから30日以内

出産お祝い金

自治体によりますが、複数人目からもらえることが多いようです。

※地域によって内容は異なり、制度がない場合もあります

対象者(例)：第３子以上の出産（２人以上の子を養育している世帯で）
届出先：市区町村役場
内容(例)：1万5,000円
期限(例)：支給対象児の出生の日から起算して6か月以内

子育て中にもらえるお金と助成

子育てに心強い サポート制度を利用して

「子ども手当」や「医療費助成」など、子育ての味方になる制度もおさえておきましょう。
「子ども手当」で支給されるお金は、大学の学費として積み立てておくとよいでしょう。

子ども手当

2010年から「児童手当」が廃止され、「子ども手当」に変わりました。

対象者：０歳～中学校修了までの子どもの親
届出先：市区町村役場
内容：１人につき月額２万6,000円の予定
（2010年度は１万3,000円）

※2010年５月現在

乳幼児・子ども医療費助成

乳幼児は抵抗力も弱く病気をしやすいもの。各自治体では医療費が多くなりやすい子どもを持つ家庭に対して、助成制度をもうけています。

対象者：健康保険に加入している乳幼児
助成年齢は各自治体によって異なる
届出先：市区町村役場
内容：医療費全額
助成金は各自治体によって異なる

自治体独自のママパパ応援制度も

住んでいる地域で買い物をしたり、子どもに必要なものを買うときは、レシートをとっておくことを習慣にしましょう。

思わぬ助成金やサービス券をもらえることがあります。損しないためには、地元と密着した生活を心がけることが大切です。

チャイルドシート購入費用助成

6歳未満の子どもを自動車に乗せるためのチャイルドシート購入金の一部を、自治体で助成する制度。

子育て支援パスポート

主に未就学児がいる家庭を対象にした、託児サービスや買い物割引などの、さまざまなサービス。

就園奨励費補助

私立幼稚園への就園を補助する制度。

※これらは自治体により制度がないところも

もし、シングルになったらプラスの保障を利用して

もし、シングルになったら、ひとりで子育てするママやパパを助成する手当もあります。

■児童育成手当

離婚や死別などで夫または妻と生計を別にし、児童を養育している人が対象（所得制限あり）。

金額は自治体によりますが、子ども1人につき1万3,500円が目安。子どもが18歳になった年度末まで受けられます。

■児童扶養手当（ママのみ対象）

離婚や死別などで夫と生計を別にし、児童を養育しているシングルマザーの家庭が対象（所得制限あり）。

収入によって、月額9,850～4万1,720円が手当として支給されます。子どもが2人いる場合はプラス5,000円、3人以降はさらに3,000円加算され、子どもが18歳になった年度末まで受けられます。

子どもが生まれた後の家計

妊娠・出産・育児で、どれだけ家計に影響があるのか気になるところ。そこで、一般的な例を見てみましょう。

出産前

費目		出費
生活費	食費	3万0,000円
	水道光熱費	1万6,000円
	電話代	2万0,000円
	美容衣服費	1万0,000円
	日用雑貨費	4,000円
	交通費	1万5,000円
	医療費	9,000円
	子ども費	0円
住宅費		8万0,000円
趣味・お小遣い		3万5,000円
保険料		2万1,000円
教育費		0円
特別出費		0円
合計		**24万0,000円**

DOWN!
酒や外食にかけるお金が減る。

ポイント！
家の固定電話とケータイ電話の合計。妻が家にいることが多くなれば、ケータイ電話のプランを変更するなど見直して。

UP!
妊娠中は身体のことが心配！
健診費用のほかにも通院が多めに。

UP!
マタニティドレスや専用下着代、母親学校、出産のためのヨガ教室など。

UP!
産院までの交通費のほか、ふだんのお出かけも妊娠中は電車よりも車を使いがちに。

ポイント！
夫婦の保険については第５章でチェック！

一時的な特別出費が約２万円分増加。
それを除けば
やりくりしだいで
支出を抑えられる！

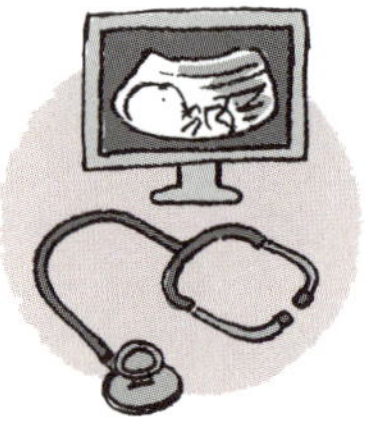

出産後

費目		出費
生活費	食費	3万0,000円
生活費	水道光熱費	2万3,000円
生活費	電話代	2万0,000円
生活費	美容衣服費	4,000円
生活費	日用雑貨費	4,000円
生活費	交通費	8,000円
生活費	医療費	4,000円
生活費	子ども費	1万2,000円
住宅費		8万0,000円
趣味・お小遣い		2万5,000円
保険料		2万9,000円
教育費		0円
特別出費		2万0000円
合計　25万9,000円		

UP!

赤ちゃんの洗濯物が増え、こまめにお風呂に入れたりするので水道費は増加。家にいることが多くなるので冷暖房を使いすぎることも。

DOWN!
赤ちゃんがいるので外出する回数が減少。外出しない分、洋服などの贅沢品にかけるお金も必然的に減少。

UP!

ミルクやおむつ代、肌着やそのほかの育児グッズの出費が激増。


UP!

夫婦で入っている保険も、子どもが生まれたことで見直しが必要に。


DOWN!

外出の機会や趣味にかける時間が減り、減少。


ポイント！

教育費は幼稚園・保育園入園とともにどんどん増加。公立の場合、高校までは家計の中から捻出したい。


UP!

お祝い返しなど、一時的な出費が増加。

子どもの養育費・教育費はどのくらい？

高校までの教育費は家計から捻出！

赤ちゃんが産まれたら、ただかわいがってばかりではいられません。その子の将来を見据えた生活がはじまります。

高校までの教育費は下の表の通り。高校までずっと公立の場合は、基本的にそのときの家計からまかないます。

大学の学費はしっかり積み立てて

大変なのが大学時代の学費。受験料にはじまり、入学金、授業料など、４年間で低くて２４４万円、高ければ５１６万円かかるといわれています。

■幼稚園から高校までの教育費

（単位:万円）

	幼稚園		小学校		中学校		高校	
	公立	私立	公立	私立	公立	私立	公立	私立
学校教育費	13	37	6	78	13	96	34※	79※
学校給食費	2	3	4	3	4	1	／	／
学校外活動費	10	14	24	56	30	30	18	26
1年分	25	54	34	137	47	127	52	105

「平成18年度子どもの学習費調査」（文部科学省）参考　※平成22年度より、公立は無償化、私立は世帯の所得に応じた就学支援金が出る

ただ、必要になるのは子どもが生まれてから18年も後。積み立て計画をしっかり立てて備えておきましょう。

収入によって違う保育園料をチェック！

■認可保育園の場合

認可保育園は前年の世帯収入や、子どもの年齢によって料金が違います。

●年収400万円の世帯の目安

・3歳未満児…2万円前後
・3歳児以上…1万円～1万5000円
（東京都中野区の場合）

ただし、同時に2人通っている場合、2人目は半額、3人目は無料になります。延長保育は別料金です。

■無認可保育園の場合

無認可保育園では、値段が自由に設定できるため、保育園によって違います。目安としては、基本料金に6～8万円かかり、給食費・延長料金を加えて8～10万円くらいと考えましょう。

大学生の生活費（1年間）

国立 自宅通学：104万5,100円
下宿など：176万9,000円
公立 自宅通学：106万3,200円
下宿など：163万5,600円
私立 自宅通学：171万7,900円
下宿など：246万7,200円
※仕送りなどの親の負担は生活費の7割弱。

「平成18年度学生生活調査結果」（日本学生支援機構）参考

■大学納入金

初年度：入学金＋授業料＋施設設備費
次年度：授業料＋施設設備費 （単位：万円）

	国立大学	公立大学（平均）	私立大学		
			文科系	理科系	医歯部
入学金	28	40	26	28	97
授業料（年間）	54	54	73	103	303
施設設備費等	／	／	16	19	108
4年間合計	244	256	382	516	※2,563

「平成20年度学生納付金調査結果」「私立大学等の平成20年度入学者にかかる学生納付金等調査結果」（文部科学省）参考 ※医歯部は6年間の合計

教育費の積み立て方法

子どもが生まれたら貯蓄をスタート!

住宅費、老後の生活費と並び、人生三大出費のひとつといわれる教育費。子どもが生まれたら、18年後の大学入学を見据えた貯蓄をはじめましょう。

まだまだ先と思わずに、目標額と積み立て方法を決めて、計画的に貯めていきましょう。

いつまでにいくら貯めればいいの?

私立か公立かによって、教育費は大きく変わります。また、家を離れて下宿することになれば、生活費の仕送りも必要になるでしょう。
前ページのデータを見ながら、子どもの進路を想定してみましょう。

- **国公立大学に自宅から通った場合**

  244万円(大学費)+105万円(生活費)×4年×0.7(親の負担目安)
  =約538万円

- **文系私立大学に下宿して通った場合**

  382万円(大学費)+247万円(生活費)×4年×0.7(親の負担目安)
  =約1,074万円

選択肢を増やしてあげるという意味でも、子どもが18歳になるまでに最低500万円は用意しておくのが理想。それでも足りない分は、子どものアルバイトや奨学金で補いましょう。

どうやって貯める？ 18歳までに500万円

先のこととはいえ、５００万円は高額。確実に貯めるは、毎月の小さな積み重ねが大切です。

月に２万円ずつ積み立てれば18年で４３２万円になります。５００万円に足りない分は運用や手当などで補いましょう。積み立て方法にもさまざまなものがあるので、手間がかからず、損のない、自分に合った方法を選びましょう。

1 一般財形貯蓄・自動積み立て定期預金

元本割れがない代わりに利息も期待できませんが、確実に貯蓄できます。勤務先で一般財形貯蓄の取り扱いがなければ、自動積み立て定期預金を利用するとよいでしょう（30ページ参照）。

■積み立て例

毎月２万円×18年=432万円
ボーナス月+２万円×18年=72万円
⇒合計504万円

メリット

・毎月着実に貯蓄できる
・元本割れがない
・低金利の教育ローンが利用できる場合もある

デメリット

・金利はあまり期待できない

2 積み立ての投資信託

投資信託は価格が変動する金融商品で元本保証はありません。しかし、毎月一定額を購入することである程度リスクを軽減できます（157ページ参照）。

１万円程度から購入できるので、一般財形貯蓄などの確実に貯蓄できるものと半分ずつにしてもいいでしょう。

■積み立て例

毎月２万円の貯蓄を18年間続けると⇒432万円

- **積み立て投資信託なら**
  2%複利で運用⇒520万円
- **一般財形貯蓄と積み立て投資信託で１万円ずつなら**
  ・一般財形貯蓄　⇒216万円
  ・3%複利で運用　⇒286万円
  ⇒合計502万円

メリット	デメリット
・定期預金よりは高い利益率が期待できる	・元本保証がない

お祝い・手当もチャッカリ貯蓄!

■子ども手当

中学卒業まで定額が支給されるこの制度（86ページ参照）。全額貯蓄に回せば大きな額になります。

ただ、これだけに頼ってもいられないので、ほかの積み立てと並行して貯めていきましょう。

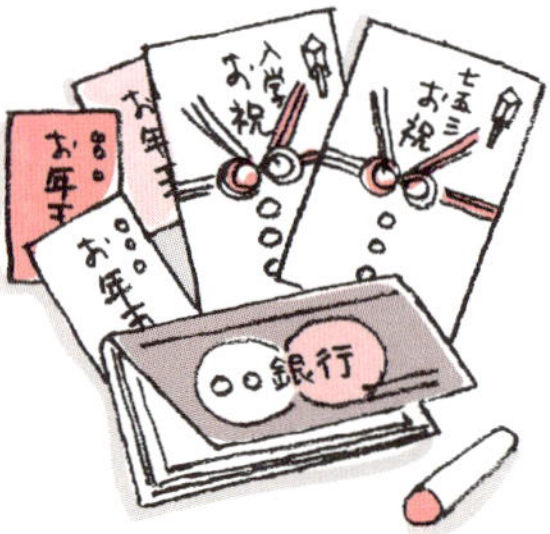

■子どもへのお祝い

子どもにもらったお祝いや、お年玉も、集まれば大金に。子ども名義の通帳などでまとめておくと◎。

3 子ども保険・学資保険

教育資金づくりを目的とした保険で、親が契約者になって保険料を支払います。保障がつく代わりに元本割れをする恐れがあるものも。あくまで貯蓄が目的なので、預けた額以上に戻ってくる商品を選びましょう。
満期時期を誤ると、大学入学資金としては間に合わないこともあるので注意して。

●貯蓄型
学資保険の本来の目的である教育資金を積み立てることに重点を置き、医療保障や死亡保障がついていないシンプルな保険です。

●保障型
親や子どもに万一のことがあった場合に、医療保障や死亡保障が受けられます。その分保険料が上乗せされ、元本割れするものもあるので要注意。

メリット

- 親が死亡した場合、その後の保険料を払わなくても満期金や祝い金が出る
- 解約しにくいので、貯蓄が苦手でも計画的に資金準備が可能

デメリット

- 長期にわたって保険料を払うものなので、なんらかの理由で中途解約すると、払った分より少ない金額しか戻ってこない
- よく検討しないと、元本割れの商品もある

確認しよう! **WORK SHEET**

子ども保険は、加入前に元本割れを確認しよう!

支払う保険料の総額を出し、満期金や祝い金の合計と比較します。マイナスなら、元本割れする保険ということです。

記入日

	×12か月×		=		円
毎月の保険料		満期までの年数		支払う保険料の総額	
	−		=		円
満期金・祝い金の合計		支払う保険料の総額		↑マイナスなら元本割れ	

不妊治療費について

不妊症とは、結婚した男女が
赤ちゃんを望んでいるにもかかわらず、
２年以上妊娠できない状態が続くこと。

不妊症の治療費は、保険診療と
自由診療に分かれます。
体外受精、顕微授精は自由診療とされ、
保険がきかないため、
高額の医療費がかかります。
「特定不妊助成事業」では、
１年度あたり２回を限度に５年間、
治療１回に15万円が
支給されます（所得制限あり）。
それでも残りの金額は
自己負担となるわけですから、
治療を行う前には必ず、
病院で治療費の確認をしましょう。

主な不妊治療費

■保険診療で行える治療例

タイミング療法／クロミッド療法／
HMG－HCG療法
　約2,000円～２万円
※内服する量が多かったり、保険のきかない
　検査、採血などを行うと費用は増加

■自由診療の治療例

人工授精法	１～３万円
体外受精	20～40万円
顕微授精	30～50万円

※医療機関により費用は大きく異なる。場合
　によっては何回も治療を行うので、費用は
　膨大なものに

治療費を賢く抑える方法

大事なのは、夫婦一緒に
治療を受けること。
男性が原因の不妊も約50%あるので、
治療の回数を減らすためにも
必要なことです。

また、不妊治療の自由診療は
「医療費控除」の対象になります。
通院にかかった交通費なども
しっかり記録しておきましょう。

第4章

住まいにかかるお金

「賃貸？　持ち家？　買うならマンション！」
新婚さんの住まい選びは夢が広がりますね。
住宅購入は一生に一度の買い物です。
後で後悔しないよう、よく検討しましょう。
この章では、住まい選びの考え方や
賢いローンの組み方を紹介します。

素敵な物件! わたしたちに買える?

いい物件だったのに
なにが気に
なったの？
実は
予習して
来てたんだ
頭金ゼロで変額金利が
いいっていいってたけど、
大損しちゃう可能性も
あるんだよ
えっそうなの？
それに、子どもが
できたら、結子も
フルタイムでは
働けなくなるだろ
今の収入を基準に
考えるのは
キケンなんだよ
たしかに！
知らない間にそこまで
勉強してたなんて
自分のマンションを
持つのは俺の大きな
夢だったからね！
計画的に行きますよ
今日はただの下見！
いろんな物件見て、
ふたりでじっくり
決めよう
うん！
ゴォオオオォ

おトクなのは賃貸？ 持ち家？

賃貸、持ち家どちらにも長所と短所がある

結婚するふたりにとって、一番の楽しみであり、悩みのタネでもあるのが新居選び。まず決めなければいけないのは、家を借りるか、結婚を機にマイホームを購入するかということです。

それぞれメリットとデメリットがあるので、今後のライフスタイルを考え、納得いくまでふたりで話し合いましょう。

持ち家と家賃のメリット・デメリット

	持ち家	賃貸
メリット	・ローンが終われば、老後は住居の心配がない ・自由にリフォームすることができる ・注文住宅なら思い通りの家が実現できる ・自分たちの大きな財産となる	・長期間にわたる住宅ローンの負担がない ・住み替えがしやすい 
デメリット	・住宅ローンに追われる ・気軽に引っ越しができない ・転勤する場合、家をどうするか問題になる 	・高齢になってからも家賃を払い続けなければいけない ・高齢になると新たな物件を借りにくくなる ・自分たちの望むようなリフォームがしにくい

気になるお金の違い

	持ち家	賃貸
初期費用	・頭金ゼロでも購入可能だが、その分住宅ローンの返済額が高くなる。頭金は物件価格の２～３割は用意したい ・ローンの借り入れ時にかかる諸費用が必要。物件価格の５％が目安	・敷金と礼金が必要。物件によるが、家賃の１～２か月分が多い ・大阪、兵庫地区では、敷金・礼金の代わりに保証金が必要なところも。家賃の６～８か月分が相場
居住中	・住宅ローンの月々の返済額は月収の30％以下が目安 ・マンションの場合は管理修繕費、一戸建ての場合はメンテナンス費用などが必要になる	・家賃は月収の30％以下を目安に ・２年ごとに契約の更新が必要で、更新料がかかる場合も。地方によって金額は異なるが、家賃の１～２か月分が相場
退去時	・売却費用として、仲介手数料・印紙代などがかかる。物件によるが、売却価格の４～７％が目安	・入居時の敷金は、部屋の状態によって戻ってこないことも ・大阪、兵庫地区では入居時の保証金から敷引き（家賃４～６か月分）が引かれた金額が戻ってくる

購入するなら ずっと住むつもりで

「とりあえずふたりのマンションを買って、狭くなったら買い替えよう」と考える人もいるようです。でも待って！　物件の価値は時間が経つごとに下がっていきます。「とりあえず」買った物件が、数年後に予定通りの値段で売れる（貸せる）とは限りません。

住まいの購入には、住宅ローンという大きな借金がついてきます。老後まで住むつもりで慎重に選びましょう。

住みやすいのはマンション？一戸建て？

ふたりのライフスタイルに合うのはどちら？

賃貸住宅にするか持ち家にするかが決まったら、次に悩みどころとなるのが、マンションがいいのか一戸建てがいいのかという問題。これも、どちらもメリットとデメリットがあります。

ふたりの現在のライフスタイルと、将来的にどんな暮らしをしたいのかをよく考えて決めましょう。

機能性・利便性に優れるマンション

メリット

- 建物の管理を大家さんや管理会社が行ってくれるので、面倒がない
- ラウンジなど共同施設が充実している物件が多い
- 何階に住むか選ぶことができる
- オートロックなど防犯性が高い
- 駅から近い物件が多い
- 自宅内で階段の上り下りがない

デメリット

- 毎月、管理修繕費がかかる（賃貸なら不要）
- オーディオの音量や生活音など、音に気を使う
- ペットを飼えない場合がある
- 近隣住民とトラブルが起きることがある
- 将来、建て替えが必要になったとき問題が起こる可能性がある
- 駐車場に料金がかかる
- 一戸建てに比べて、玄関から駐車場までに距離がある

引っ越し費用のことも お忘れなく！

引っ越しを業者に依頼する場合、移動距離や荷物の多さによって料金が変わります。

１ＤＫ程度の荷物の量で同県内の引っ越しなら７～８万円程度が平均。引っ越しの予定が決まったら、引っ越し業者何社かに見積もりを出してもらって金額とサービス内容を検討し、もっともおトクな業者に決めましょう。

「一国一城の主」になれる一戸建て

メリット

・家だけでなく土地もすべて自分のもの
・修繕積立金や管理費はかからないところが多い
・音に気を使わなくてもいい
・自由にペットを飼うことができる
・庭をつくれる
・建て替えを自分の意志でできる
・車庫があれば駐車料金がいらない

デメリット

・駅から遠い物件が多い
・庭の管理が大変
・家のメンテナンスを自分で行わなければいけない
・防犯対策に気を使わなければいけない

いくらの物件なら無理なく買える？

現在の収入で購入可能な価格を知ることが重要

「マイホームを購入する」と決めたら、どんな物件にしようかと夢がふくらみますね。でも、すぐに契約するのはキケン！ 住宅を購入するということは、長期間、住宅ローンを支払わなければいけないということです。無理なく返せる金額を算出し、いくらの物件を購入できるのか把握しましょう。

住宅価格はどうやって払うの？

住宅価格は、「頭金＋住宅ローン」で支払います。つまり、住宅購入時にまず頭金を支払い、残りの金額を住宅ローンで借りて、月々分割で利息と一緒に返済します。

頭金が多いほど、住宅ローンの支払いは楽になります。

■たとえば2,000万円の物件なら

諸経費その他	頭金に	残りの1,500万円を住宅ローンで借り、
200〜450万円	500万円用意	月々分割で利息と一緒に返済する

物件価格の2,000万円＝頭金に500万円用意＋残りの1,500万円を住宅ローンで借り、月々分割で利息と一緒に返済する
購入時に必要な金額＝諸経費その他200〜450万円＋頭金に500万円用意

住宅購入時には、頭金以外にも費用が必要

●**諸経費**
売買契約書や住宅ローンの印紙税、登録免許税、ローン事務手数料、ローン保証料などが必要です。
新築目安：物件価格の3〜6％
中古目安：物件価格の6〜10％

●**引っ越し・家具費用**
業者にお願いする場合は引っ越し費用が必要に。また、引っ越しまでに、必要最低限の家電や家具などは用意しておきましょう。
目安：10万〜50万円

●**残しておくお金**
貯金を全部使いきってしまっては、何かあったときに不安。いくらか残しておきましょう。
目安：100〜200万円

確認しよう! **WORK SHEET**

いくらの物件が買えるか計算してみよう

銀行で「借りられる額」と「返せる額」は別物。家計を圧迫せず、無理なく返せる額で物件を選びましょう。

①毎月払える住宅ローンを計算する

今払っている家賃に、頭金のために積み立てている月額を加えます。

購入するのが一戸建てなら、それが無理なく返済できる月々の金額。

マンションなら、ローンの返済とは別に管理修繕費がかかるので、その分を引いて考えましょう。

[　　　] ＋ [　　　] － [　　　] ＝ [　　　]

今払っている家賃 ／ 頭金のために積み立てている月額 ／ 管理修繕費（マンションの場合） ／ 無理なく返せる月額

②借り入れ可能額を確認する

①で算出した無理なく返せる月額から、借り入れ可能額を確認しましょう。

●借り入れ可能額　早見表

無理なく返せる月額	8万円	9万円	10万円	11万円	12万円	13万円	14万円
借り入れ可能額（万円）	2,078	2,338	2,598	2,858	3,118	3,377	3,637

※返済期間35年、金利３％の場合

③用意できる頭金を計算する（右ページ下の囲み内を参考に）

[　　　] －（[　　　] ＋ [　　　] ＋ [　　　]）＝ [　　　]

貯金 ／ 諸経費（100～300万円） ／ 引っ越し代など（10～50万円） ／ 残しておくお金（100～200万円） ／ 用意できる頭金

④無理なく購入できる物件価格を計算する

②でわかった借り入れ可能額と、③でわかった用意できる頭金を足しましょう。その合計額が無理なく購入できる物件価格です。

[　　　] ＋ [　　　] ＝ [　　　]

借り入れ可能額 ／ 用意できる頭金 ／ 無理なく購入できる物件価格

賢くローンを組むための法則

支払う利息を少なくできる返済計画を

住宅ローンで借りたお金には利息がつきます。利息をできるだけ少なくするためには、頭金を多く用意して借入額を減らし、低い金利で借り、短い期間で返済するのが鉄則です。

金融機関によって住宅ローンの種類や金利タイプはさまざま。長い目で見てトクになるのはどれか、しっかり検討してからローンを組みましょう。

賢くローンを組む法則 ～基本編～

1.頭金は多めに!

頭金が多いほど、返済額と利息は少なくてすむので後がラク。ただ、頭金がないからといって購入を伸ばす必要はありません。その間の賃貸料がもったいない！

2.金利は低めに!

金利はたった１％の差でも、何百万円という差が生まれます。

●2000万円を35年返済で借りたとき
金利３％→返済総額　約3,233万円
金利3.5％→返済総額　約3,472万円
0.5％の差が239万円の差に！

3.返済期間は短く!

返済期間を短くすると毎月の返済額は多くなり、一見大変そう。でも実は短いほど支払う利息が少なくなってトクです。

●2000万円を金利3％で借りたとき
35年返済→月の支払い　7万6,970円
返済総額　約3,233万円
34年返済→月の支払い　7万8,253円
返済総額　約3,193万円
月の支払いに1,283円プラスして
返済を１年短くすれば40万円の差に！

まだまだある!
賢くローンを組む法則~応用編~

1.子どもにお金がかかる前に繰り上げ返済を

月々の返済とは別に、まとまったお金を一気に返済するのが「繰り上げ返済」です。
ローン返済中に貯蓄に余裕ができたら、繰り上げ返済に回しましょう。その分にかかる利息が減り、返済総額を減らすことができます。子どもにお金かからない、小学校入学前までが狙いどきです。ただし、収入減や失業など、いざというとき必要なお金は残しておきましょう。

2.ボーナス併用払いは危険!

一定のボーナス支給が見込めるなら、ボーナス併用払いという選択肢もあり。

ただ、会社の業績が悪いとまず削られるのがボーナスです。最初からボーナスをあてにした返済計画はやめたほうが無難といえるでしょう。

ボーナスが出て手持ちのお金が増えたら、一気に繰り上げ返済という手もあります。危ない橋を渡らず、確実な道を選びましょう。

3.返済は定年前に終わるような計画を

会社を定年退職した後も住宅ローンが残っていては、老後を安心して暮らすことができません。住宅ローンを組むときは、定年を迎える年齢(60歳)までに返済が完了するようプランを立てましょう。そのうえで、繰り上げ返済をして返済期間を短くすればより安心です。

住宅ローンの金利タイプ

住宅ローンの金利には3つのタイプがあります

次は気になる住宅ローンの金利について考えましょう。

金融機関から住宅購入資金を借り入れると、金利がかかります。金利には3つのタイプがあり、どのタイプの金利を選択するかは、住宅ローン選びの最大のポイントです。

固定金利型

金利も月々の返済額も、当初設定したまま一定。低金利時代におすすめです。ほかの金利タイプに比べ、返済当初の金利は高めですが、返済額が変わらないので家計管理がしやすいでしょう。

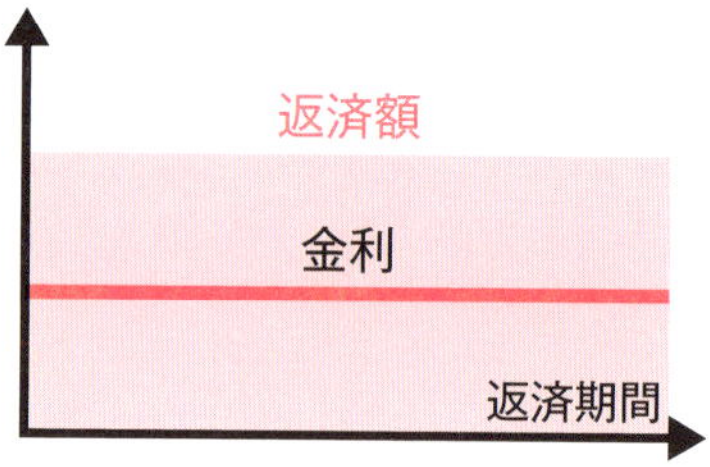

変動金利型

金利は半年ごと、返済額は金利の変動に合わせて5年ごとに見直されます。払いはじめの金利は固定金利よりも低く抑えられますが、金利が上がって返済額が増えるリスクがあります。

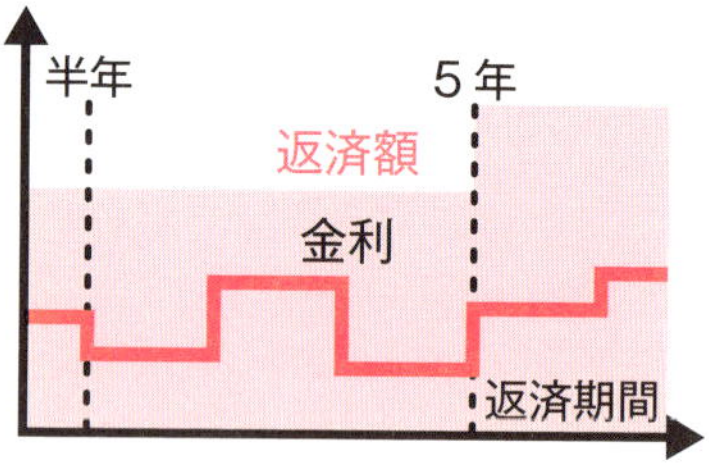

固定金利選択型

3年、5年、10年など一定期間の金利が固定され、その期間は金利も月々の返済額も変わりません。固定期間終了時に、その後の金利タイプを固定か変動か、選びます。

※グラフは、固定期間終了後、変動金利を選んだ場合

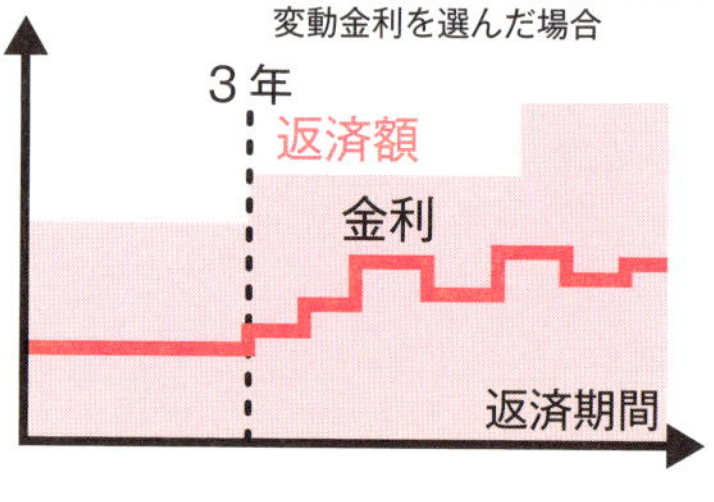

ライフプランに合わせた金利タイプの選択を

変動金利型は、返済開始時の金利が低いのがメリット。しかし将来、金利が上がって返済額が増えたとき、返済できなくなるリスクもあります。

そこで金利タイプは、収入の見込みなどライフプランに合わせて選ぶことがポイントになります。

住宅ローンの変動金利の推移

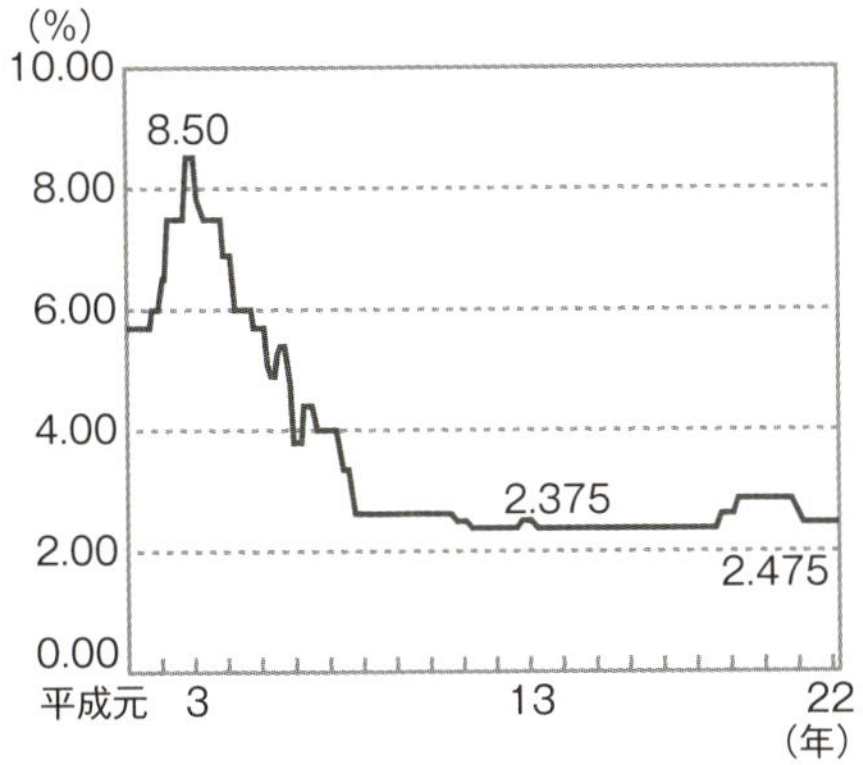

■固定金利型が向いている夫婦

- 借入額が多く、金利が上昇した場合、家計が苦しくなる可能性がある
- 今後も収入が上がる見込みがない
- 金利や景気の動向にあまり敏感でない
- 安定した金利で、安定した生活を送りたい

■変動金利型が向いている夫婦

- 夫婦共働きで収入が多い
- 借入金額がそれほど多くない
- 家計に余裕があり、短期間で(金利が上がる前に)返済できる
- 金利や景気の動向に敏感である

■固定金利選択型が向いている夫婦

- ここ数年は子育て期間で金利を抑えたいが、落ち着けば妻も働くので収入が増える
- 固定期間が終わった後の金利上昇に対応できる

住宅ローンの種類

ローンの内容を比較してじっくり検討を

住宅ローンは大きく分けて、「民間融資」「財形住宅融資」「フラット35」の3つの種類があります。

スムーズにローンを組むなら

金融機関によって融資審査の条件が異なるため、A銀行は融資OK、B銀行はNOとなることもめずらしくありません。

融資審査の対象となる「車のローン」「カードローン」などは、完済しておくと審査が通りやすくなります。

民間融資

民間の金融機関が扱う住宅ローンで、必要額の100%まで借りられるケースが多いです。金利は変動型や固定金利選択型がメイン。多くの金融機関が、金利を引き下げるキャンペーンを行っています。

財形住宅融資

勤務先で財形住宅貯蓄（31ページ参照）を1年以上続けている人向けの公的融資。貯蓄残高の10倍、4,000万円まで借りられます。金利は5年ごとに見直す5年固定型。対象となる住宅の面積や築年数などに一定の基準があります。

フラット35

住宅金融支援機構が支援し、民間金融機関が扱う住宅ローン。長期固定金利で借りられ、返済期間が20年以内だと、金利が少し低くなります。保証料や繰り上げ手数料がいらないのも大きなメリット。
ただし、団体信用生命保険料(119ページ参照)は任意加入のため、加入する場合はローンの返済とは別に保険料を支払うことになります。

金利以外にも確認したい金融機関の特徴

住宅ローンを選ぶポイントは、金利の高い低いだけではありません。繰り上げ返済の手数料の有無や、返済中に条件変更が可能かなども、金融機関によって異なるので要チェックです。

各金融機関の住宅ローン相談会などに出席し、説明を受けることをおすすめします。

金融機関を選ぶ6つのポイント

1.店頭表示より低い金利適用

口座を給与振り込みや公共料金引き落としにするなどの条件を満たすと、店頭表示の金利よりも低い金利になることも。下げ幅は0.4～1.7%程度。

2.繰り上げ返済手数料

返済金額や金利タイプによって、無料～数万円と異なります。インターネットを使った繰り上げ返済は無料、もしくは割引になる金融機関も。

3.返済中の条件変更

返済が苦しくなったときの対応や救済策は、金融機関によって違ってきます。どのような条件変更が可能か、よく確認しておきましょう。

4.金利タイプの特徴

金融機関によっては、タイプの違う金利を組み合わせられるローンや、変動型でも金利の上限が設定されているローンもあります。

5.事務手数料

3万1,500円～5万円の金融機関が多いですが、「借入額の○%」としているところも。ローン選びの決め手にはならないものの、金額は確認を。

6.保証料

借入額や返済額で金額が決まります。借入時に一括で支払う方法と、月々の金利に上乗せする方法があります。なかには保証料不要のものも。

実践！ライフスタイル別ローンの組み方

将来の生活も見据えてローンを選ぶことが大切

住宅ローンの金利には３つのタイプがあることは１０８ページで紹介しましたが、ここではより実践的に、ライフスタイルに合わせた住宅ローンの選び方を考えてみましょう。金利の違うタイプを組み合わせることで、よりおトクに借りる方法も模索します。

【専業主婦家庭】
Aさん夫婦のシミュレーション

ご主人の収入だけで返済していくので、今後も返済額が増えては困る。よって長期の固定型を選択。
⇒フラット35など

夫29歳（年収400万円）、妻27歳

物件：2,500万円　頭金：500万円
（うち、親からの援助300万円）
住宅ローン：2,000万円
⇒フラット35（金利3%）
返済期間：35年
毎月返済額：７万6,970円

■「フラット35S」のおトク情報

「フラット35Ｓ」の対象となる物件なら「当初10年金利１%引き下げ」を利用するのがおすすめ。当初の返済額が軽減されるだけでなく、11年目以降の金利も固定なので安心です。

※「フラット35Ｓ(優良住宅取得支援制度)」は省エネルギー性など一定の条件を満たす物件で利用できる。１%引き下げは2010年12月末まで。その後は通常の0.3%引き下げに。詳細は「住宅金融支援機構」のHP（http://www.jhf.go.jp/）を参照

夫30歳（年収500万円）
妻30歳（年収300万円）

【共働き家庭】Bさん夫婦のシミュレーション

共働きは返済額にも余裕があるケースが多い。どんどん繰り上げ返済できるようなら変動金利型だけでもよいが、半分を固定金利型にしてリスクを抑える。
⇒変動金利型＋フラット35（すまい・るパッケージ）
※すまい・るパッケージとは…フラット35と、銀行の住宅ローンを組み合わせて借り入れするもの

物件：3,800万円　頭金：600万円
住宅ローン：3,200万円
⇒フラット35(金利3%) 1,600万円
　変動金利型(金利1%) 1,600万円
返済期間：35年
当初毎月返済額：10万6,742円

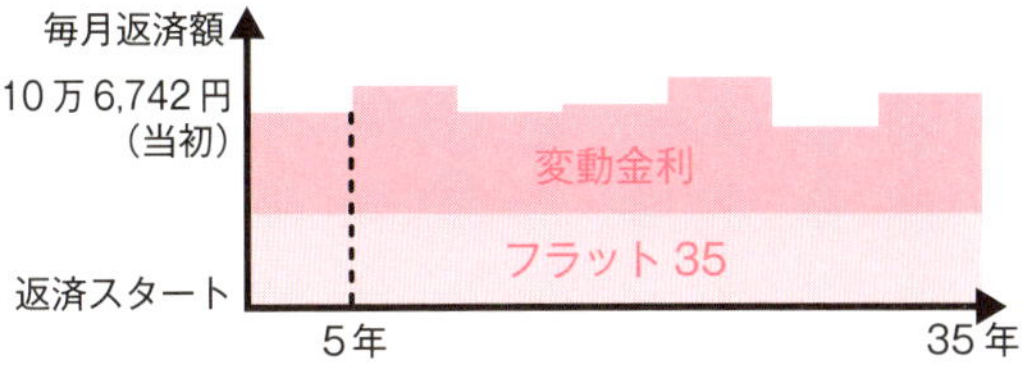

【子育て家庭】Cさん夫婦のシミュレーション

子どもが幼いうちは返済額を抑えたいので、10年固定に。10年後の金利上昇には妻が仕事復帰した収入でカバー。

定年前に完済できるよう、30年ローンを選択。

余裕があるときに繰り上げ返済を予定。
⇒固定金利選択型（10年）

夫32歳（年収600万円）、妻28歳

物件：3,500万円　頭金：500万円
住宅ローン：3,000万円
⇒当初10年固定型（金利2.5%）
返済期間：30年
当初毎月返済額：11万8,536円

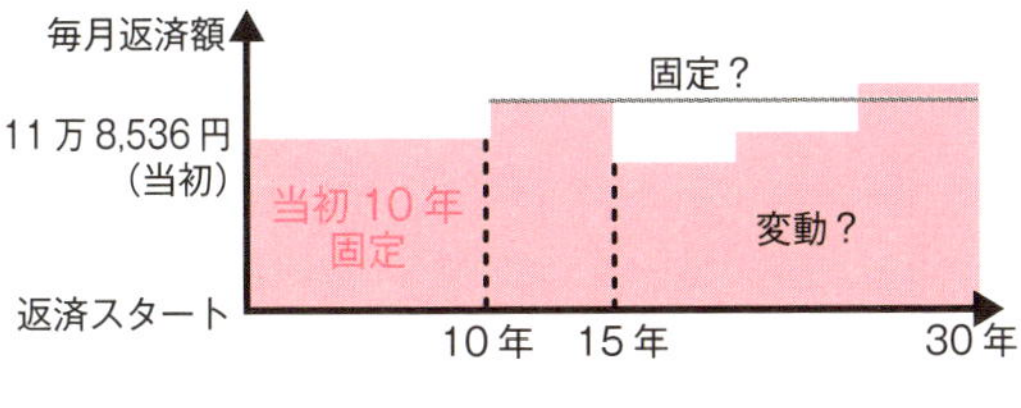

固定金利終了後の金利タイプは
固定と変動から選ぶ

両親から援助を受けるなら

住宅資金を親に援助してもらう場合の注意点

頭金を増やしたい、金融機関が貸してくれる金額では若干足りない……。そんなときは、親に援助をお願いしてみてはどうでしょう。家を購入する人の半数近くが、親からの支援を受けているともいわれています。

親からもらうお金でも、年間１１０万円以上になると、贈与税が課せられます。

ただし、住宅購入が目的の場合に限り、追加の非課税枠がもうけられています（所得が２０００万円以下の人が対象）。また、相続時精算課税制度を利用する手もあるので、検討してみるとよいでしょう。

相続時精算課税制度とは?

相続のときに精算することを前提に、将来、相続関係になる親（65歳以上）から子（20歳以上）への贈与について、贈与税を大幅に軽減する制度。2,500万円まで、非課税です。非課税枠を超えた贈与の税率は超過額の一律20%です。

※2011年末までは年齢制限なし

■親の援助を受けるなら免税額をチェック!

110万円まで	贈与税の基礎控除額。年間110万円までは非課税
1,500万円まで（2010年） 1,000万円まで（2011年）	住宅取得のためのお金なら贈与税がかからない上限額 ただし、所得が2,000万円までという制限つき ほかの免税制度と併用できる
2,500万円まで	相続のときに相続税として加算する約束で（相続時精算課税制度）、今の時点での贈与税の支払いが免除される

※2010年５月現在

親から借りるときも利息が必要

親から贈与を受けるのが難しい場合は、借りるという方法も。金融機関と比べて手続きに時間や経費がかからないなどメリットはたくさんあります。

ただ、注意しなければいけないのは、たとえ親でも利息を支払わなければいけないこと。無利息で借りると、贈与とみなされてしまうことがあるのです。また、住宅ローン控除（次ページ参照）も受けられません。

近親者から借金する際の注意事項

■借用書を作成する

借りた金額、目的、返済期間、金利、返済方法、借りた日付、借り主と貸し主の署名・押印が明記してある書類をつくります。

■貸し主の年齢も考慮して返済期間を決める

たとえば、親が70歳なのに35年返済にすると、税務署から「返す意思がない」とみなされる可能性が。完済時に、借り主の年齢が日本人の平均寿命から離れない、常識の範囲内での返済年数を設定します。

■利息は一般的な金利を目安にする

近親者間の貸し借りであっても利息は必要。無利息だったり、あまりに利息が低いと、一般的な金利との差額分を贈与とみなされる可能性があります。心配な場合は、前もって税務署に相談するといいでしょう。

■返済の証明ができる返済方法にする

あるとき払いでは×。定期的に返済しているという証明がしやすいように、振り込み返済にして通帳に明細を残しておきましょう。現金を手渡しする場合は、そのつど親に領収書を発行してもらい、証拠を残します。

住宅購入後に減る税金

住宅ローンがある人は税金が戻ってくる!

「住宅を買った人は、所得税の一部が戻ってくる」というのが住宅ローン控除です。控除期間は10年間。年末のローン残高に応じて、1年で最大、50万円の所得税が戻ってきます。

控除を受けるために、1年目は確定申告（54ページ参照）が必要なので、忘れずに申告を。2年目以降は年末調整で自動的に控除されます。

Come Back
おかえりー!!

■入居年別の住宅ローン控除の上限

入居年によって、ローン残高の上限が違います。最大控除額は下表の通りですが、所得税からの控除は、その年に納めた所得税額が上限です。所得税だけでは控除額に満たない場合は、翌年の住民税から最大９万7,500円が控除されます。

入居年	ローン残高の上限	控除期間	控除率	1年の最大控除額	10年合計最大控除額
2010年	5,000万円	10年間	1％	50万円	500万円
2011年	4,000万円			40万円	400万円
2012年	3,000万円			30万円	300万円
2013年	2,000万円			20万円	200万円

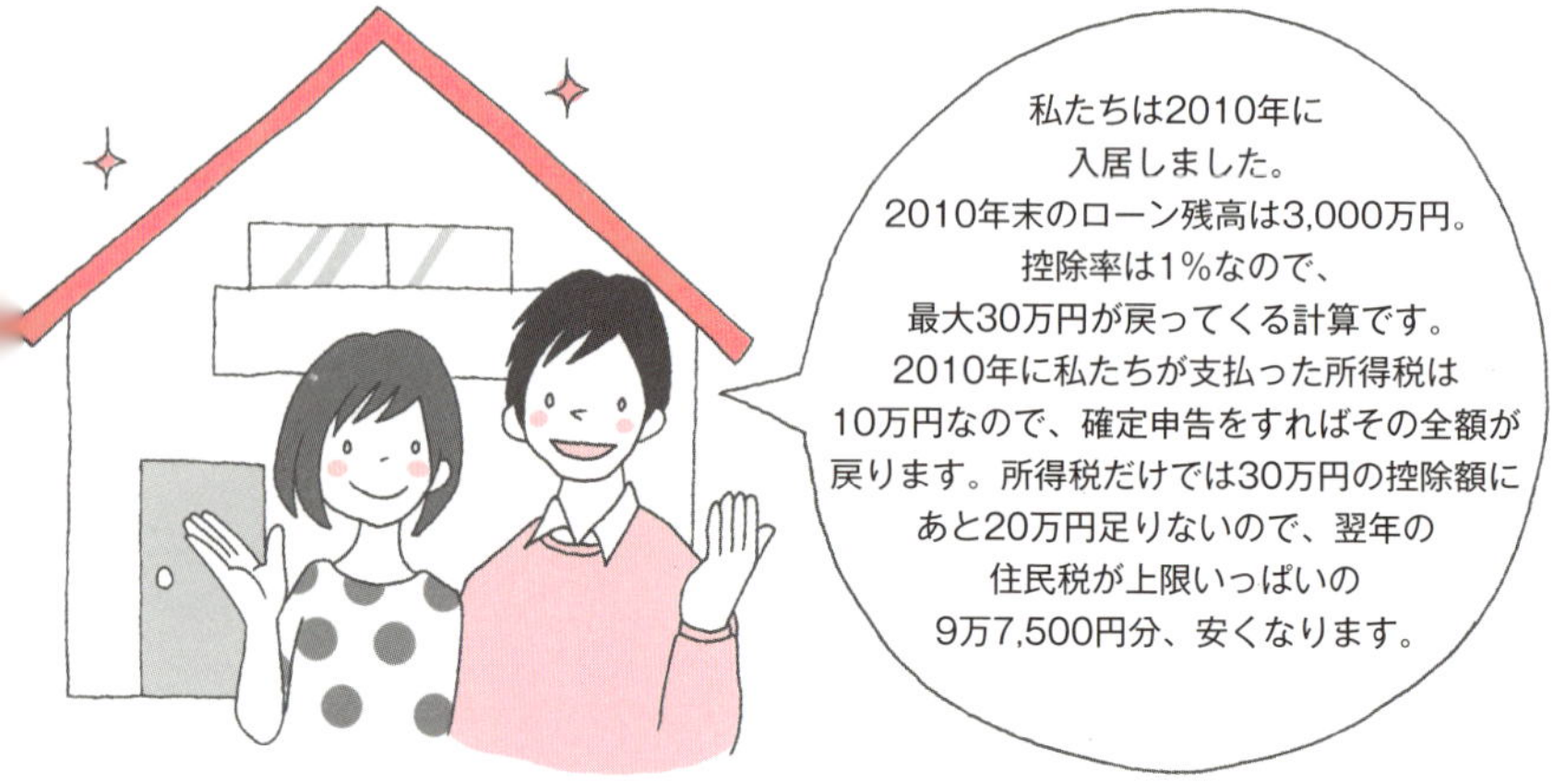
私たちは2010年に
入居しました。
2010年末のローン残高は3,000万円。
控除率は1%なので、
最大30万円が戻ってくる計算です。
2010年に私たちが支払った所得税は
10万円なので、確定申告をすればその全額が
戻ります。所得税だけでは30万円の控除額に
あと20万円足りないので、翌年の
住民税が上限いっぱいの
9万7,500円分、安くなります。

教えて！ お金のギモン

Q. 夫婦で共同ローンを組んだら夫だけが申告するの？

A. ローンの持ち分に応じて各自が申告できます。

共同ローンには、夫婦それぞれがペアローンにして各自が返済するタイプと、ローンを一本化して連帯責務とするタイプがありますが、どちらも住宅ローン控除は夫婦別々に申告できます。前者は年末のローン残高をもとに控除額を計算し、後者は持ち分に応じて控除されます。

Q. 夫が転勤しても控除は受けられる？

A. 家族が住んでいるなら控除は継続可能。

夫（家の所有者）が転勤しても、家族が住んでいれば控除は継続できます。ただし、一家全員が引っ越すと控除は打ちきりに。

また、夫が海外転勤した場合は、家族が住んでいても控除は受けられません。事前に届けを出し、住宅ローン控除期間内に戻れれば、残りの期間は控除が受けられます。

住宅購入の味方！補助いろいろ

■持ち家建設奨励金

地域に長く住んでもらうために、住宅を新築・購入する世帯に奨励金や支援金を出してくれる自治体があります。

■地球に優しい家を応援

自宅の緑化や、エコキュート、太陽光発電システムなどを設置するともらえる助成金など、自治体ごとにさまざまな援助があります。

住宅購入後にかかるお金

住宅を買うとローンのほかにもお金がかかる

住宅を購入すると、払わなければいけないお金は住宅ローンだけではありません。

不動産を持つ人が払う税金や、住宅のメンテナンス費用など、賃貸では払わなくてもよかったお金が必要になります。

税金

不動産取得税

不動産(土地・家屋)を取得するときに一度だけ課せられる税金。不動産評価価格の３%を税金として納めなければなりません(条件によって軽減あり)。

納税は不動産取得の数か月後となります。

固定資産税

不動産を持っている人が毎年、市区町村に納税しなければならない税金。税率は地域によって違うので、確認しましょう。購入から数年経つと納税額が高くなるので、注意が必要です。

都市計画税

「都市計画区域」の市街化区域内に不動産を所有する人が毎年納めなければならない税金。道路や下水道処理などの都市計画資金に使われます。

税率は地域によって違い、物件によっては特例として数年間減税されるところもあります。

フラット35なら

団体信用生命保険料

住宅ローンを組んでいる人が亡くなった、もしくは重度の障害を負った場合に、残りの借入額を一括して返済してくれる保険。民間金融機関の住宅ローンでは金利に含まれ、自動的に加入しています。フラット35は任意加入なので、別途料金が必要に。金額は借入額の0.36%程度から年々減っていきます。

一軒家なら

メンテナンス費

屋根や外壁の塗り替え、シロアリ消毒などのメンテナンス費が、5～10年おきにかかります。

リフォーム費

キッチン・浴室などの水まわり工事や、壁紙の張り替えなどのリフォームに加え、床暖房、オール電化への変更、空いた子ども部屋のリフォーム、増改築、バリアフリー化などの費用を考えておきましょう。リフォームは追加工事が必要になることもあります。

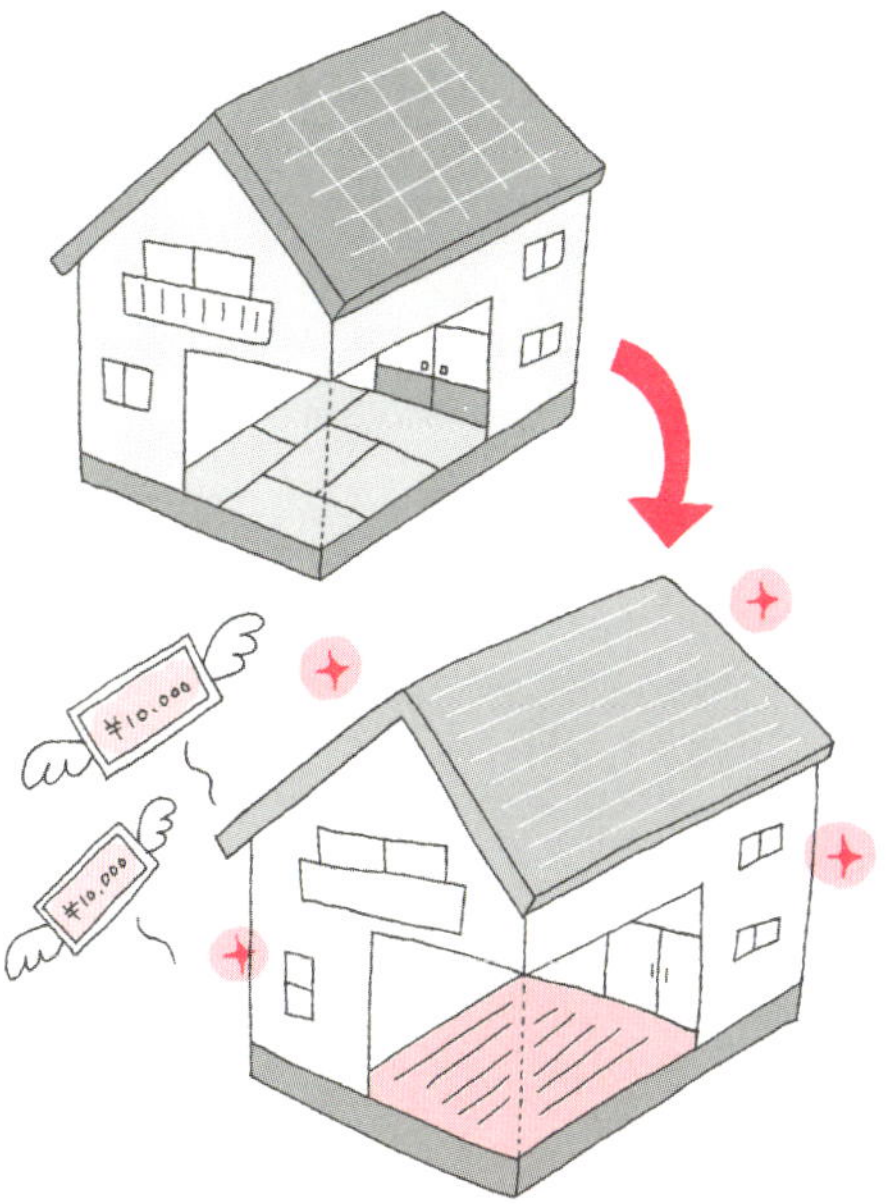

マンションなら

管理費・修繕積立金

毎月、管理費と修繕積立金を支払う物件が多く、両方で2～3万円程度が目安です。

大規模修繕費・建て替え費

室内のリフォームは一軒家と同じですが、マンション全体の大規模修繕が必要な場合、修繕積立金の積み立て状態によっては負担金が発生します。また、建て替えになった場合は建て替えの負担金のほか、工事期間中の仮住まいの家賃が必要です。

金利の引き下げを賢く利用!

民間の金融機関では、店頭金利からさらに金利を引き下げているのが一般的。

引き下げ方には2つの種類があります。

○ずっと同じ引き下げ幅のプラン

借り入れから返済完了まで、店頭金利からずっと同じ引き下げ幅が続きます。固定金利型・変動金利型・固定金利選択型のすべての金利タイプで利用できます。

○当初の引き下げ幅が大きいプラン

固定金利選択型の金利タイプを選んだ場合のみ、利用できます。当初の固定金利の期間は、引き下げ幅も大きく設定されています。

どちらも一長一短ですが、固定金利選択型の金利タイプなら、当初の引き下げ幅を大きくしておくとよいでしょう。固定金利の期間が終われば、新たなローンに借り替えるという手もあります。

固定金利選択型(10年)の例

ずっと同じ引き下げ幅

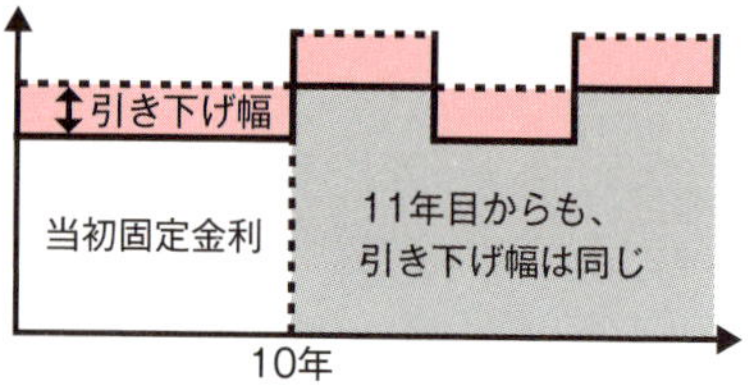

当初は大きい引き下げ幅

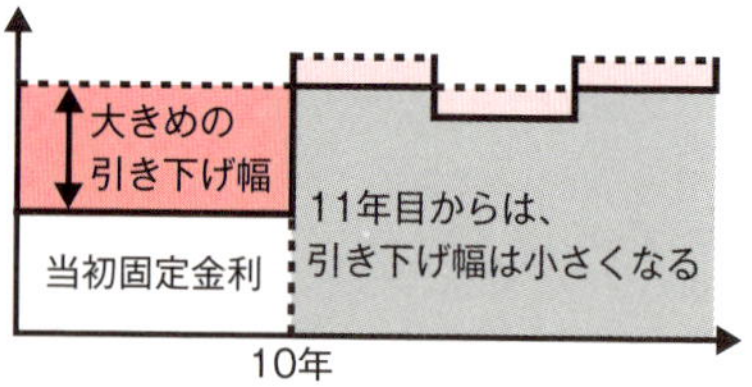

※グラフは固定金利期間が終了したとき、変動金利を選んだ場合

返済プランのシミュレーションは金融機関のHPでも

住宅ローンの返済シミュレーションは、各金融機関のHPでも可能です。

なかでも、金融中央広報委員会の「知るぽると」では、さまざまなシミュレーションが可能。

「暮らしのお役立ちツール」→「資金プランシミュレーション」で見られるので、試してみては。

知るぽるとHP
http://www.shiruporuto.jp/

第5章
保険の賢い選び方

パートナーや自分自身が
病気や大きなケガをしたときのこと、考えていますか？
もしものときにかかる大きなお金を
小さなお金で買っておくのが、保険です。
この章では、ふたりに合った保険の選び方を紹介します。

保険は入ったほうがいいの？

で
ぎゅむっっ
相談にきました
ずいっ
近いって!!
いやいや、若いから大丈夫とはいいきれないよ
けい君のいとこ
やっぱり！若くて貯蓄がないからこそ、入ったほうがいいんですよね
家計のやりくり
それもひとつ！あと、女性は妊娠してからではほとんどの保険に入れない入れても、帝王切開が保障されないなどの制限がつくんだ「いつかは子どもを」って思うなら、今のうちに、最低限の死亡保険と医療保険は検討したほうがいいね
保険入ってないんで自力で産みます～
ヒィ～
あと、けい君、この死亡保険の受取人も変更しようご両親のままだよ
えっ
けい君になにかあったとき、結子さんに最低限のお金は残しておきたいでしょ
チーン
ヨボ…～
はい！
ぞくっ

保険って必要なの？

保険は「もしも」の病気と遺族のための備え

そもそも、なぜ保険が必要なのでしょう。今は健康な夫婦でも、事故に遭ったり、病気にかかったりという可能性はゼロではありません。

そうしたときに必要になる入院代や治療代、家族の生活費などに備えるのが「保険」です。すでに数千万単位の貯蓄があれば保険はいらないかもしれません。ただ、多くの夫婦には保険という安心が必要でしょう。

今は健康な夫婦でも……

もし亡くなったら

もし病気になったら

- 遺された家族の生活は？
- 葬式代は？

お金の不安

- 入院代、治療代は？
- 収入が減っても大丈夫？

↓

援助など用意できるお金

- 社会保険からの給付額
- 会社や地域からの援助額
- 自分で用意できる貯蓄など

↓

それでも足りない分を保険でまかなおう！

教えて! お金のギモン

Q. まだ若いし、病気もしたことがない。そんな私たちでも、保険って必要なの？

A. 貯蓄のない若い時期だからこそ必要!

アクシデントは、予期しないときにやってくるもの。若くて貯蓄もまだ少ないときだからこそ、保険に入っておくことが大切なのです。

すでにお子さんがいる夫婦なら、なおさら。どちらかが亡くなっても、子どもを育てていけるだけの備えを用意しておきたいところです。

Q. どうせなら、お金も貯められる貯蓄型の保険に入る、というのは？

A. 保険と貯蓄は別々に考えましょう。

「3年ごとに15万円ずつ返ってくる！」などのうたい文句で、貯蓄もできる保険商品はたくさんあります。ですがその分、毎月支払う保険料は高めに設定されています。

貯蓄は貯蓄として、もっと利回りのよい方法で運用することをおすすめします。

Q. 老後の生活が心配。今から保険で老後に備えておきたいんだけど……

A. まずは住宅、教育資金の準備を。

寝たきりや介護生活になったときのために、老後の生活を保障してくれる保険も入ったほうがいいのでは……という考え方はもっともです。

ただ、新婚夫婦はその前に、住宅や教育資金など、大きなお金が必要になるでしょう。老後の生活を心配して、数十年間も払い続ける保険に入ると、いざ住宅購入や教育費のピークを迎えたときに困るかもしれません。

お金の自由度を高くしておくことも大切です。

公的保険と民間保険の種類

保険で備える「死亡」「病気」「老後」のリスク

ではここで、保険の種類を具体的に見ていきましょう。

保険がカバーする事柄は、「死亡」「病気」「老後」の大きく3つ。若いうちは、特に「死亡」「病気」について備えておく必要があります。

すでに加入している公的な保険で足りない部分を民間保険でカバーする、というのが基本的な考え方です。

公的保険

加入を義務づけられている保険。

会社員や公務員なら、給与から自動的に保険料が天引きされています。

●厚生年金保険
会社員・公務員が加入（公務員は共済年金）。

長生きや死亡、大きな障害に備える保険です。「老齢厚生年金」「遺族厚生年金」「障害厚生年金」を保障しています。

●国民年金保険
成人した国民全員が加入。

長生きや死亡、大きな障害に備える保険です。「老齢基礎年金」「遺族基礎年金」「障害基礎年金」を保障しています。

●健康保険
会社員・公務員が加入（公務員は共済）。

病気やケガの治療費が３割負担になる保険です。病気やケガで連続して３日以上仕事を休んだ場合は、傷病手当などの所得補償が受けられます。

●国民健康保険
自営業の人が加入する健康保険。病気やケガの治療費が３割負担に。

●労災保険
仕事中や通勤中にケガや病気をしたときの治療費や所得補償、死亡時の遺族補償が受けられます。保険料は会社が全額負担しています。

民間保険

任意で加入する保険。公的保険では足りない保障を補うことができる。

■死亡保障→128ページ〜

死亡や高度障害に備える保険。

大きく分けて、保障が一生涯の「終身保険」、一定期間の「定期保険」があります。

貯蓄と一体型の「養老保険」もありますが、その分保険料も高め。貯蓄と保険は分けて考えるのをおすすめします。

■医療保障→132ページ〜

病気やケガによる治療・入院・手術を保障する保険。入院1日につき定額を支給する「医療保険」や、特定の病気になったら保険金が出る「特定疾病保険」「がん保険」、療養中の収入の減少をカバーする「所得補償保険」などがあります。

■その他の保障

災害時などに備える保険。火災保険や地震保険、自動車保険などがあります。

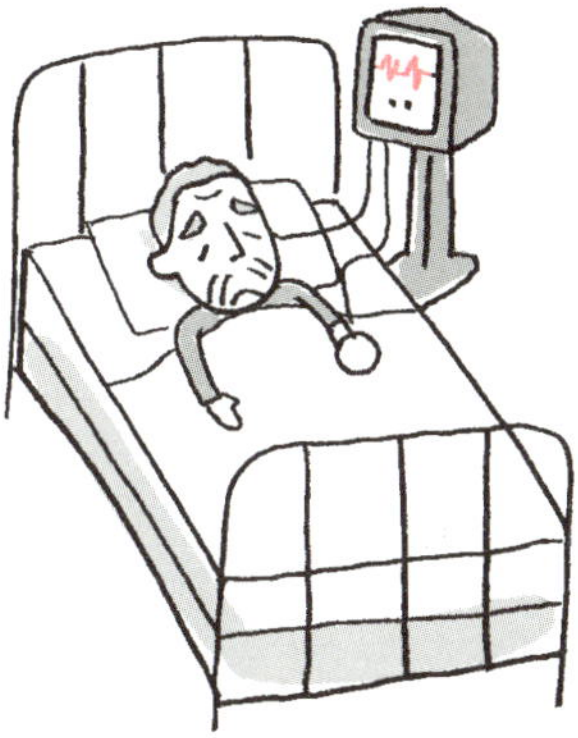

■老後保障

老後の年金を補う保険です。

「個人年金保険」や「養老保険」などがあります。

ぴったりな保険探し ①死亡保障

夫が亡くなったときに出る公的な保障は？

まずは、公的な夫の死亡保障について見てみましょう。夫が亡くなったときに妻がもらえる保障は充実しています（ただし、妻が亡くなっても一部の場合を除いて、夫に対する保障制度はありません）。

公的保険のしくみ

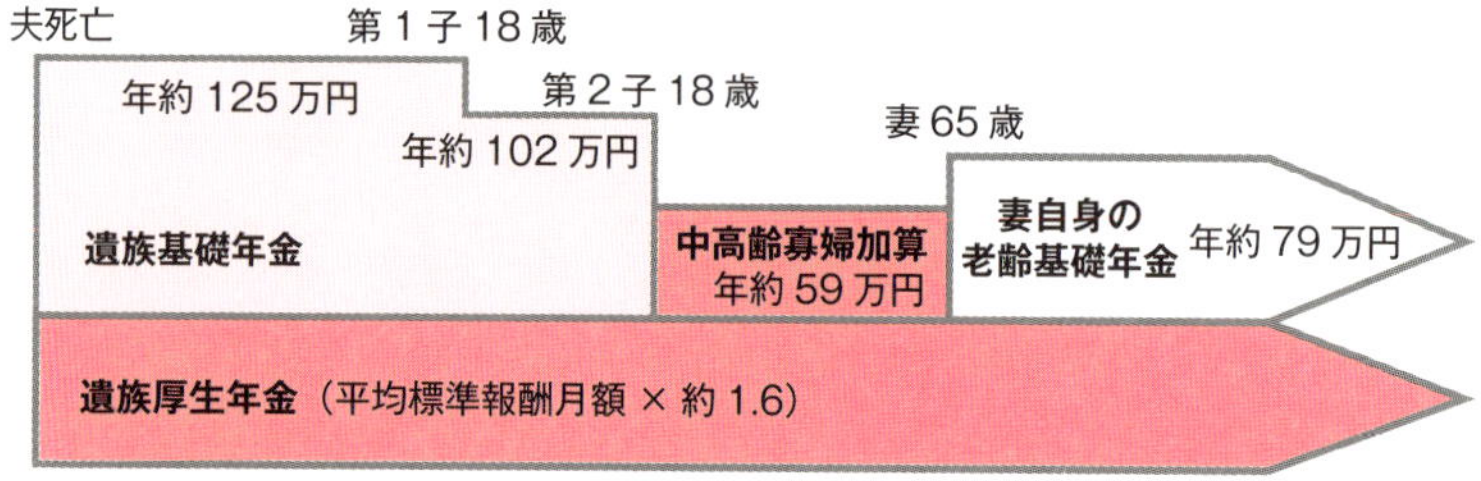

◎夫が自営業の場合…□＋□
（国民年金のみ加入）

※2010 年度価

◎夫が会社員の場合…□＋■＋□
（国民年金＋厚生年金に加入）
※夫が公務員の場合（国民年金＋共済年金）も同様

遺族基礎年金
子どものいる妻に、子どもが18歳になるまで支給される。子ども１人で年約102万円、２人で年約125万円（2010年度価、以下同）。

●**遺族厚生年金**
夫が会社員か公務員なら、生前の平均標準報酬月額の約1.6倍が年額で、妻が死ぬまで支給される。夫の死亡時、妻が30歳未満で子どもがいない場合は５年間のみ。

●**中高齢寡婦加算**
夫が会社員か公務員で、遺族基礎年金を受けられない妻に、遺族厚生年金に加算して支給される制度。条件は夫の死亡時に妻が40歳以上、または、子どもが18歳になった年度末に妻が40歳以上であること。これにあてはまれば老齢基礎年金がはじまる65歳まで、年約59万円が支給される。

○**妻自身の老齢基礎年金**
65歳以上になると支給される。年金額は、妻自身が国民年金に20～60歳まで加入していた場合で、年約79万円。

WORK SHEET 記入例【夫の死亡保障必要額】

（女性の平均寿命86歳で計算）

■用意できるお金

1．遺族基礎年金　102万円×17年＝1,734万円
2．妻自身の老齢基礎年金　79万円×21年＝1,659万円
3．遺族厚生年金（夫が会社員か公務員の場合）
　24万円×1.6×59年≒2,266万円
4．中高齢寡婦加算（夫が会社員か公務員の場合）
　子どもが18歳になるとき、妻44歳なので
　65歳－44歳＝21年間
　59万円×21年＝1,239万円
5．妻の収入
　子どもが３歳になってから、妻60歳まで働いたとき　120万円×31年＝3,720万円
6．貯蓄　200万円

合計　1億818万円　――A

夫（会社員）29歳
妻（専業主婦）27歳
子ども１歳

平均標準報酬月額24万円の家族の場合

■必要になるお金

1．遺された家族の居住費を除いた生活費
　（現在の生活費×0.7が目安）
　180万円×0.7×59年＝7,434万円
2．子どもの教育費（高校・大学のみ私立として）
　1,117万円
3．住宅費（住宅購入した場合）
　3,000万円
4．死亡整理資金（葬式代など）　300万円
5．予備費（耐久財・車両費など）　500万円

合計　1億2,351万円　――B

●平均標準報酬月額とは
正式な計算式はとても複雑。次ページでは目安として、ここ数年間の平均月収で計算しておきましょう。

必要保障額　A－B＝－1,533万円 ➡ **1,600～2,000万円の死亡保障を用意しておこう！**

■妻の死亡保障必要額

妻が亡くなっても、一部の場合を除いて遺族年金は出ません。必要な保障は自分たちで確保しておく必要があります。

●**子どもがいなければ**　200～500万円
●**子どもがいるなら保育費も含めて**　1,000万円

＋

●**夫が住宅ローンを組み、妻の収入からも支払っているなら**　その負担額程度

※ただし、妻自身が住宅ローンを組んでいた場合は、団体信用生命保険（141ページ参照）により、妻の返済額はゼロになる

やってみよう！ WORK SHEET

夫が亡くなったときに必要な金額を計算しよう

前のページを参考に、夫が亡くなったらその後の人生にいくら必要なのかを計算してみましょう。

記入日 ＿＿＿＿＿＿＿＿

■用意できるお金

1．遺族基礎年金

125万円 × ［　　］年 ＝ ［　　］万円
（18歳未満の子が2人いる期間）

102万円 × ［　　］年 ＝ ［　　］万円
（18歳未満の子が1人いる期間）

2．妻自身の老齢基礎年金

79万円 × ［　　］年 ＝ ［　　］万円
（妻65歳から亡くなるまで）

3．遺族厚生年金（夫が会社員か公務員の場合）

［　　］万円 ×1.6 × ［　　］年 ＝ ［　　］万円
（平均月収）（妻が亡くなるまで）

4．中高齢寡婦加算（夫が会社員か公務員の場合）

59万円× ［　　］年 ＝ ［　　］万円
（末子18歳から妻65歳まで）

5．妻の収入

［　　］万円 × ［　　］年 ＝ ［　　］万円
（想定年収）（働く年数）

6．貯蓄 ［　　］万円

合計 ［　　］**万円 ――A**

■必要になるお金

1．遺された家族の生活費（現在の生活費×0.7が目安）

［　　］万円 × 0.7 × ［　　］年 ＝ ［　　］万円
（生活費の年額）（妻が亡くなるまで）

2．子どもの教育費（90ページ～参照）

［　　］万円

3．住宅費（住宅購入費または生涯で払う家賃）

［　　］万円

4．死亡整理資金（葬式代など） ［　　］万円

5．予備費（耐久財・車両費など） ［　　］万円

合計 ［　　］**万円 ――B**

必要保障額　A－B＝ ［　　］**万円**

保障のニーズに合った商品選びを

右ページで必要な保障額がわかったら、保険のタイプを選びましょう。「必要になるお金」で明らかになった保障のニーズに合わせて商品を選べば、ムダのない保険を組むことができます。

家族に対する一生の保障を

⇒終身保険

死亡時に必ず保険金が受け取れるが、保険料は高め。貯蓄性があり、解約時にも払い戻し金がある。

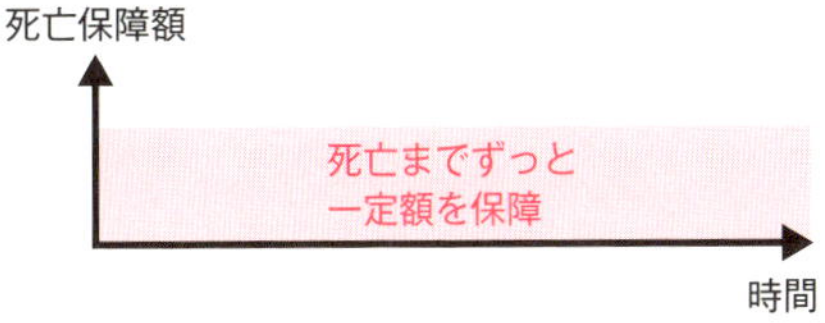

ニーズに合わせた保険タイプを組み合わせて

いくつかのタイプの保険を組み合わせることで、よりニーズにぴったりな保障を得ることができます。

【例】終身保険と逓減定期保険の組み合わせで、子どもが独立するまでの保障を厚くするなど

子どもの独立まで保障が欲しい

⇒定期保険

定めた期間に死亡した場合のみ保険金が出る「かけ捨てタイプ」。保険料は安めで、保障額は大きい。

子どもに最低限の保障を遺したい

⇒逓減《ていげん》定期保険／収入保障保険

子どもの成長に合わせて、歳をとるごとに保障額が下がっていく保険。保険料は定期保険よりも低く抑えられる。

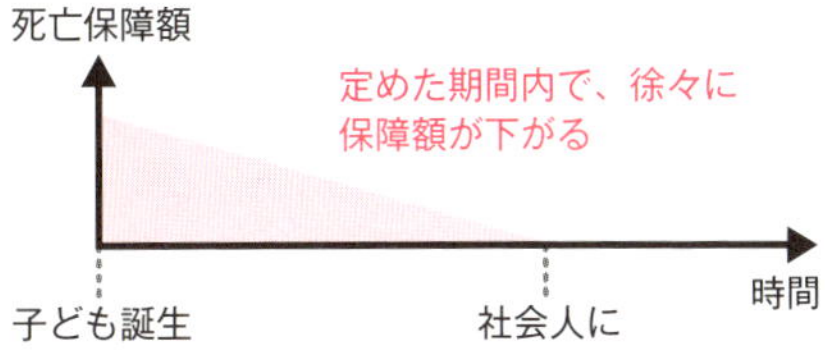

ぴったりな保険探し②医療保障

どこまで必要？賢く選びたい医療保険

テレビのＣＭなどを見ていると、保険料が安かったり、面倒な審査なしで入れたり……と、よさそうな保険が次々に登場していますね。

たくさんあって迷ってしまいますが、医療保険を選ぶときのポイントは４つに絞られます。

医療保険４つのチェックポイント

1. いつまで保障してくれるのか

保障の期間には、10年更新タイプと終身タイプがあります。

更新タイプは更新のたびに保険料が上がり、80歳（または90歳）までで保障が終わります。

長生きすることを考えれば、終身タイプが安心です。

2. 入院した場合、日額いくら支給されるのか

「入院日額１万円」などとCMではよく聞きます。しかし、入院費を保険ですべてカバーしなくても、不足分は貯蓄から、と考えれば１日5,000～7,000円でよいでしょう。自営業なら、入院中の収入減を考え、１万円ほどあると安心です。

3. 入院１回あたり、何日型か

60日、120日、180日と医療保険では１回の入院日数が限定され、その日数以上の保障は出ません。同じ病気なら転院・再入院も１回に数えられることもあるため、60日では足りないことも多々あります。120日あれば安心です。

4. いつまで保険料を支払うのか

生涯払い続ける終身タイプと、60歳や65歳で払い込みが完了するタイプのものがあります。退職後も保険料を払い続けられるかどうかはわかりませんから、現役時代に払い終えておくとよいでしょう。

出産を考えている女性は医療保険に加入を

妊娠してから保険に加入しようとすると、異常妊娠や異常分娩は保障されないという条件つきのものが多くなります。

また、出産後に加入しようと思っても、出産時にトラブルがあったり、帝王切開などの手術をした場合は、保険に入れなかったり、入れても子宮部位が保障の対象外になるなど、条件がつくことも。

今後、出産を考えている女性は、今のうちに保険に入っておくとよいでしょう。

■女性の入院日額保障の目安
専業主婦：5000円程度
共働き：5000~7000円程度
自営業：1万円程度

がんの備えは「がん保険」で

また、ふたりにひとりががかかるといわれている、がんについても考えてみましょう。

がんにかかると、手術をして退院した後も定期的に通院しなければならず、高額な医療費がかかります。それでも再発し、再入院ということも多々あります。普通の医療保険では、1度目の入院から再入院までの期間が短ければ、「1回の入院」としてカウントされ、再入院までは保障されないこともあるのです。

がん保険に入っていれば、がんになった時点でまとまったお金がもらえ、入院保障にも制限がありません。

がんにかかった親族がいる人や、今からがんに備えておきたいと思う人は、医療保険に加えて検討してみてはいかがでしょう。

加入している保険がまだひとつもない
夫婦は、138ページへ！

加入している保険をチェック!

保険証券をチェック&保障内容を書き出してみる

今のふたりに必要な保険を検討するために、現在入っている保険がある人は、内容をチェックしてみましょう。まずは保険証券を手元に用意。見方がわからなければ、下図を参考にしてみましょう。

保険証券の見方

証券番号
○○●-○○○○○○○

積立終身保険

A

保険契約者　土屋　けい太様
被保険者　土屋　けい太様
昭和○年○月○日生　男性　契約年齢23歳
死亡保険金　受取人
土屋　けい蔵　様　続柄 父

B

保険料内訳	
毎月振り込み保険料合計額	7,500円
うち主契約保険料	1,000円
うち特約保険料	6,500円

保険料払い込み方法　月払い
主契約保険料払い込み期間　37年間

C

契約内容欄			
1．主契約	死亡給付金額	積立金額	終身
2．定期保険特約	死亡保険金	2,000万円	10年間33歳まで
3．入院特約	入院給付日額	5,000円	10年間33歳まで
⋮	⋮	⋮	⋮

A 契約形態について

保険契約者：保険料を支払っている人　被保険者：保険に入り、保障を受けている人
受取人：保険金が下りたときに、保険金を受け取る人

B 保険料について

支払っている保険料についてがわかります。年払い、半年払い、月払いなどがあります。

C 保障内容について

主契約：その保険証券のメインとなる保険
特約：主契約に上乗せしてつけられる、いわばオプションの保障

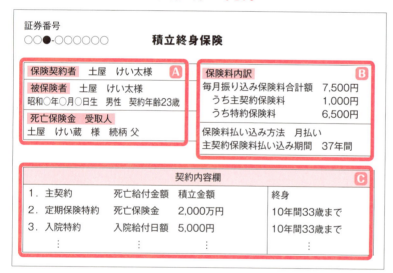

やってみよう! **WORK SHEET**

加入している保険を書き出そう

現在、加入している保険を書き出してみましょう。それが自分たちにぴったりのものか、重複している保険はないかどうかを整理します。

記入日

<table>
<tr><td rowspan="4">夫</td><td>保険会社</td><td>死亡保障額</td><td>入院保障額</td><td>月の保険料</td><td>備考(更新など)</td></tr>
<tr><td></td><td></td><td></td><td></td><td></td></tr>
<tr><td>合　計</td><td></td><td></td><td></td><td></td></tr>
<tr><td>トータルの保障額</td><td colspan="4">死亡：　　円　入院：　　円　その他：　　円</td></tr>
<tr><td rowspan="4">妻</td><td>保険会社</td><td>死亡保障額</td><td>入院保障額</td><td>月の保険料</td><td>備考(更新など)</td></tr>
<tr><td></td><td></td><td></td><td></td><td></td></tr>
<tr><td>合　計</td><td></td><td></td><td></td><td></td></tr>
<tr><td>トータルの保障額</td><td colspan="4">死亡：　　円　入院：　　円　その他：　　円</td></tr>
</table>

今の保険でいいの? 見直しのコツ

適正な保障額の保険を選ぶ

前ページの書き込みシートに記入してみましたか? 死亡保障額と入院保障額は、それぞれいくらになったでしょうか。

130～133ページを参考に、現在加入している保険が自分たちに合った保障額かどうかを検討してみましょう。

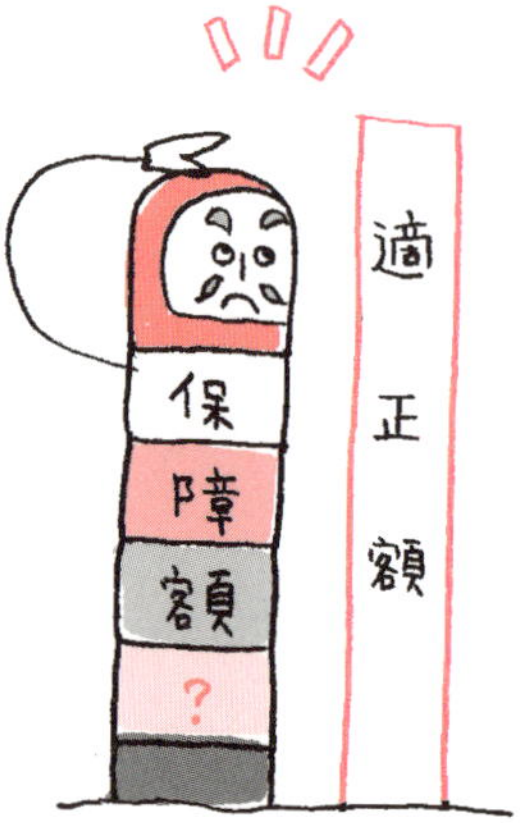

保障額が合っているか検討

多すぎた場合

保障額DOWNを検討

保障額が多すぎるなら思いきって減らしましょう。その分の保険料を貯蓄に回すことができます。

足りない場合

保障額UPを検討

保障額を上げて保険料負担が増えるのは厳しい……という場合は、終身の保障を一部にし、残りは定期の保険に変更するという手もあります。

月々の保険料は手取りの5%が目安

家族が月々に支払う保険料は、すべて合わせて手取り月収の5%にとどめたいところ。保険料負担を大きくするより、その分を貯蓄に回したほうが合理的です。保険料の2倍くらいは貯蓄するようにしましょう。

特約がたくさんついている場合は、不要なものを解約すればスリム化できます。

あなたは大丈夫？
入っている保険のチェックポイント

保険に入っただけで安心してしまっていませんか？　人まかせ、なりゆきまかせでは、いざというときに保障が役に立たない、なんてことにもなりかねません！

保険証券と照らし合わせてチェックしましょう。

□死亡保険料の受取人が父母になっている

そのままにしておいては、万一のときの保険金がパートナーに入りません。忘れないうちに、受取人を書き替えておきましょう。

□保障内容をよく知らない

保険証券のチェックをしましょう。どういうときにどういう保障を請求できるのかくらいは知っておかないと、保険料の支払い損になってしまいます。

保障の内容がかぶっていて、不要な保険料を払っている可能性もあります。

□妻の保険は夫のオプション契約だ

妻が加入しているのは夫の保険の特約のみ、となると、夫の死亡で妻の保障もなくなります。

高齢になる前に、妻も単独で加入するのがおすすめです。

□加入している保険が共済だけ

手ごろな保険料で充実した保障が魅力の共済ですが、ひとつひとつの保障額は、一家の働き手を支えるには不十分です。

あくまで、メインの保険の不足分を補うものと考えましょう。

また、医療保障が終身（一生涯）でないものが多いので、確認しておきましょう。

□加入している保険が団体信用生命保険だけ

住宅ローンを組む人が加入するのがこの保険。万一のときに住宅ローンは相殺されますが、生活費を保証するには不十分です。生命保険で死亡保障を備えておく必要があります。

新たに加入する保険の選び方

いざ保険選び！ポイントをおさえて検討しよう

ここまでで、自分たちに必要な保障が見えてきたのではないでしょうか。いよいよ、保険商品を選びましょう。

保険会社のサイトには、年齢や保障額、保障期間などを入力すると保険料が算出されるフォームがあります。数社を横断して比較できるサイトも便利。同じ条件でどう違うのかがよくわかるので、ぜひ活用しましょう。

賢い保険の選び方

1．シンプルな保険を選ぶ

保険選びはシンプル イズ ベスト！
入院・手術のときに保障される医療保険、死亡保険金が出る死亡保険、そのふたつがあれば基本的には◎。がんが気になる人はがん保険も入っておくとよいですが、それ以外の特定の病気などに備える特約はつけなくてもＯＫです。

2．かけ捨ての保険を選ぶ

最近は予定利率が低いため、貯蓄性の高い保険はメリットが少なくなっています。保険料も割高なので、貯蓄には保険以外の手段を考えるほうが賢明。

保険はかけ捨てのものでコストを抑えましょう。

3．医療保険と死亡保険は別々に

死亡保険の特約として医療保険をつけると保険料は安いのですが、それぞれ単独で契約することをおすすめします。

なぜなら、死亡保障が不要になって解約すると医療保障もなくなってしまい、新たに医療保険に加入しなくてはいけなくなるためです。

そのとき、条件のいい保険に加入できるとは限りません。

4．月々の保険料は５％まで

月々に支払う保険料は、手取り月収の５％までに抑えて。月の貯蓄額の半分を超えない程度が、家計を圧迫せずに無理なく払っていける金額です。

やってみよう！ **WORK SHEET**

新たに加入する保険を書き出そう

新規に加入する保険を決めたら、保障額や月々の保険料を書き出して整理してみましょう。保障額、月々の保険料はふたりにぴったりのものですか？
ここまでのページを参考に、よく検討しましょう。

記入日

	保険会社	死亡保障額	入院保障額	月の保険料	備考(更新など)
夫					
	合　計				
	トータルの保障額	死亡：　円　入院：　円　がん：　円			

	保険会社	死亡保障額	入院保障額	月の保険料	備考(更新など)
妻					
	合　計				
	トータルの保障額	死亡：　円　入院：　円　がん：　円			

保険を見直すタイミング

入りっぱなしでダラダラ
その保険、見直しどきかも

一度入ったらもう安心、とばかりに、入りっぱなしにしてはNG。保険には見直しどきがあります。家庭の状況が変化したときには、保険も必ず見直してみるようにしましょう。

そうすれば、昔入った保険が、気がついたら自分たちに合わなくなっていた……という事態になることもありません。

見直しのポイントのおさらい

■保障額
・今の保障額で足りていますか？
・反対に、多すぎませんか？

■保障内容
・十分な保障内容ですか？
・反対に、余分な保障に入っていませんか？

■月々の保険金
・月々の保険料は手取りの５％以内ですか？
・保険料の２倍、貯蓄に回せていますか？

今こそ!
保険見直しのタイミング

結婚したら

まさに「今」。死亡保障などの受取人を親からパートナーに変えましょう。妻が専業主婦になる場合は、夫の保障も独身時代より充実したものに。
妻が子どもを産む予定なら、医療保険・死亡保険も検討して。

大幅な収入減

保険料の支払いが毎月の家計を圧迫してしまっては、意味がありません。今まで通りの保険料が負担になるようなら、貯蓄性の高い保険から、見直していきましょう。

子どもの誕生・独立

将来の教育費負担を考慮！子どもの数が増えたらそれに合わせ、死亡保障を増額する必要があります。

反対に、独立すれば保障額を減らしてもＯＫ。

妻や夫が仕事を変えた

会社員や公務員から自営業に変わったり、独立した場合は、保険見直しの重要性が大。公的保障が薄くなるので、それに合わせて、民間の死亡保障・医療保障を厚くします。

反対の場合は保障を減らしてもよいでしょう。

住宅ローンでマイホーム購入

住宅ローンを組むと、ほとんどの場合、団体信用生命保険に加入します。

これにより、ローンの名義人が死亡するとローンの残金はゼロになります。

遺された家族の住まいの心配がなくなって必要保障額が減るので、保険を見直すにはよい機会です。

団体信用生命保険とは?

家を買ってローンを組んだ人が亡くなったとき、残りの住宅ローンを返済してくれる保険。民間の住宅ローンでは、あらかじめローンの返済額に保険料が含まれています。

フラット35では任意の加入となりますが、もしものときに遺族がローンの負債に悩まないよう、入っておいたほうが安心です。

子どもの保険は助成が終わってから?

子どもの医療費は自治体の助成により、
一定年齢までは無料～数百円程度です。
それでも、もし入院すると、
１日5,000～１万円の差額ベッド代が
必要になることも。
助成期間中の子どもでも、割安な
医療保険に入っておくのがおすすめです。
「こども共済」などは手ごろでよいでしょう。
また、夫の生命保険に特約で
子どもの保障をつけておく、
という方法もあります。

自動車保険をおトクに抑えるには

車の使用度や運転者を限定することで、
保険料は安く抑えられます。
比較サイトもあるので、
利用してみてもよいでしょう。

■自動車保険が安くなる条件
- 運転する人を「夫だけ」「家族だけ」「30歳以上」などに限定する
- 通勤に使わない
- ゴールド免許を保つ
- 走行距離が少ない

持ち家でも賃貸でも「家財保険」を

持ち家でも賃貸でも火災保険に加入していると思います。
通常の火災保険で保障されるのは建物であり、
家財（家具や家電、貴金属、現金）までは
対象にならないことはご存じですか？
「家財保険」に入っていれば、火災で焼失した場合以外に、
盗難や不慮の事故での家財故障も保障してくれます。
比較サイトなどを見て、合ったものを選ぶとよいでしょう。

第6章

貯めて増やす！運用のしくみ

2章でライフプランを立て、3～4章で子育てや住まいにかかるお金について具体的に学びました。

何をするにも、やはりお金は必要です。

この章では、ライフプランの実現に向けて効率のよいお金の貯め方・増やし方を学びましょう。

運用にも興味があるけれど……

反対に、10年以上使わないお金は
テストに出ますっっ
預貯金
株
投資信託
株のような多少リスクのある商品に投資してもいいでしょう
株かぁ…
う〜む
株が不安なら、投資信託という手もあります 株よりも少ない金額ではじめられ、運用はプロに任せられるので、初心者にはおすすめです
キリ
おお！ それだ！
ポン
結子はすっかりやりくりが板についてきたね
まぁ、今のは本の受け売りだけど貯蓄が貯まってくるのはやっぱりうれしいし、ふたりの夢のためだから

お金の貯め方・増やし方の基本

なぜ「運用」をする必要があるのか

今は低金利時代。銀行に預けていてもお金は増えません。だからこそ、「銀行の預金」以外の選択肢を持って、資金の運用を考える必要があります。

特に、ライフプラン表を作成して将来の貯蓄がマイナスになった人は、その解決策として、運用もひとつの手段に考えてみましょう。

貯蓄プランは使う時期に合わせる

効率よく確実にお金を貯めるには、使う時期ごとに貯蓄・運用プランを考えていくことが大切。お金が必要になる時期によって、運用商品も違います。
たとえば、近々使う予定のあるお金は、運用によってもともとのお金が減ると困るので、そうしたリスクの少ない運用商品を。反対に、10年以上使わないお金は、時間をかけることでリスクを軽減できるので、多少のリスクがあってもリターンの期待できる運用商品を選びましょう。

- **5年**以内に必要
【マイホームの頭金など】
→元本保証のある預貯金など
148ページ〜

- **5～10年**以内に必要
【車の買い替え資金など】
→安定運用の個人向け国債、公社債、地方債、MMFなど
150ページ〜

- **10年以内**には使わない
【老後資金や教育資金など】
→分散投資できる投資信託など
152ページ〜

貯蓄・運用ここがポイント！

1. 月収の3～4か月分は すぐ使えるように

最低でも月収の３～４か月分は運用に回さず、いざというときのためにすぐ引き出せるようにしておきましょう。
それだけあれば、急な病気やケガ、減収など非常事態に備えることができます。
「貯蓄の口座」に手取り月収の３～４か月分以上貯まったときが、運用スタートの適期といえます。

2. 貯蓄ペースは月収の10% ボーナス30%が目安

理想的な貯蓄額は、会社員で月収の10%、ボーナスの30%くらい。自営業や、会社員でもボーナスがない人は、月収の20%を目安に。共働きなら、30%が理想です。

「ちょっと難しい金額だな」と思ったら最初は少なめから、少しずつ目標額に近づけていくとよいでしょう。

3. 貯蓄プランには 優先順位をつけて

「家も車も教育費も！」と全部について満足のいく貯蓄をしようと思うと、生活を圧迫しかねません。

①マイホームの頭金
②子供の教育費
③車の買い替え費用

という風に、必要な時期と目的に合わせて、優先順位をつけることも大切です。

短期目標（5年以内）のための運用商品

5年以内に必要なお金は元本保証のある預貯金で

それでは、お金が必要になる時期を基準に具体的な運用商品を考えていきましょう。

まず、5年以内に必要なお金の場合。使いたいときに目減りして困ることがないように、基本的には元本保証の運用方法を選ぶのが最適といえます。

元本保証とは

運用期間中ずっと、預けたお金が減らないと保証されていること。代表的なのが銀行預金です。

元本保証されている金融商品は、安全性が高い代わりに収益性は低い、というのが一般的です。

教えて！
お金のギモン

Q. 定期預金を選ぶなら、金利は高いほうが有利ですよね？

A. いいえ。定期預金の期間によっては、そうともいいきれません。

普通に考えれば、たしかに金利の高いほうが有利です。しかし、低金利時代の今は今後の金利アップも想定しておくべきでしょう。

たとえば1年定期0.1％と、5年定期0.5％を比べたとき、金利が高いほうを選べば5年定期ということになります。ただし、今後2～3年で金利が上がっていけば、そちらに預け直したほうが、結果的に大きな利益を得られる可能性もあります。

なので今は、多少金利が低くても1年定期にしておき、金利アップに備えておくのが賢い選択です。

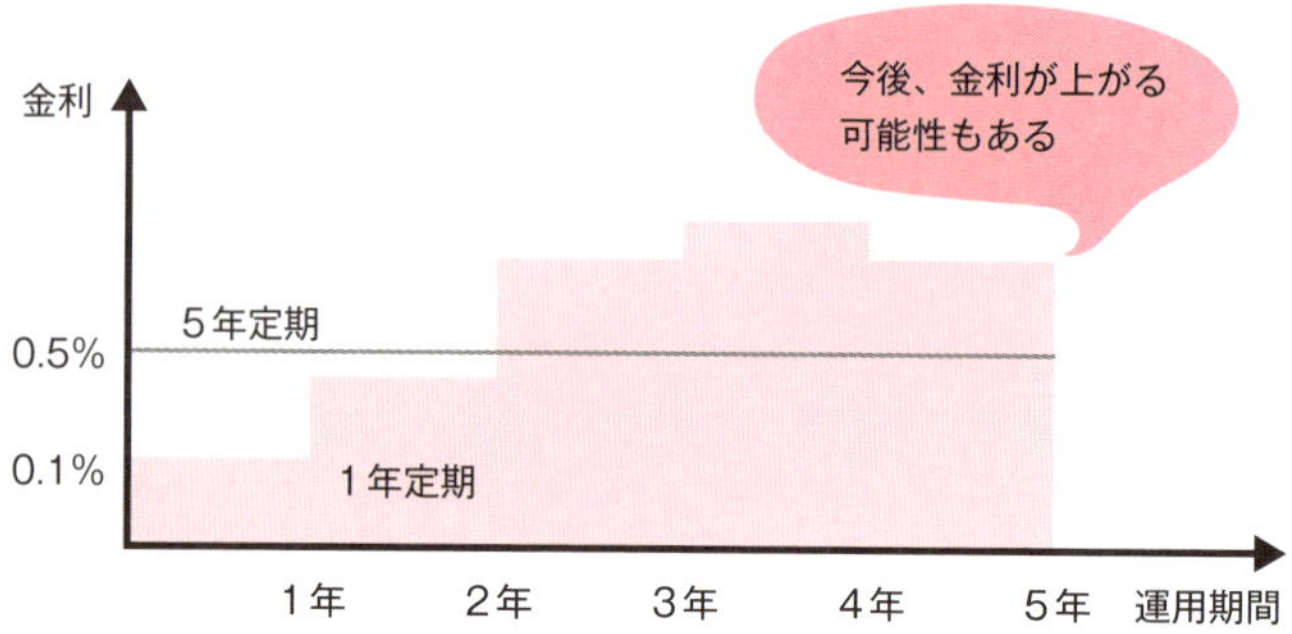

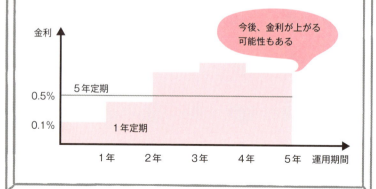

短期の運用は安全性の高い商品で堅実に

ネット定期

定期預金に預けるなら、金利の高いネット専業銀行がおすすめ。一定額以上なら、キャンペーン金利で当初１年間のみ上乗せ金利を行っている銀行もあります。

また、証券会社と提携している銀行を選べば、運用の口座開設やお金の預け入れもスムーズに進みます（ネット専業銀行の詳細は33ページ）。

MRF
（マネー・リザーブ・ファンド）

証券会社の総合口座の商品。元本保証はありませんが、安全性は高め。金利も大手銀行の普通預金よりは高い水準で安定しています。

毎日計上された収益が、１か月分まとめて再投資されるので複利効果が期待できます。１円以上１円単位で購入できて、販売手数料もかかりません。

■複利とは

運用して生まれた収益を定期的に再投資に回していくこと。利息が利息を生むので、雪だるま式に資産をふくらませることができます。また、運用で生まれた収益を再投資に回さず、預けた元金に対してだけ利息を計算することは単利といいます。

●元金100万円を５％で３年預けたとき

単利の場合　　⇒３年後には115万円

１年複利の場合⇒３年後には115万7,625円

MMF
（マネー・マネージメント・ファンド）

証券会社や一部の銀行で扱っている、投資信託の一種。元本保証はありませんが、収益は安定しており、大手銀行の定期預金やMRFより金利が高くなっています。

収益が毎日計上され、１か月分まとめて再投資されるのはMRFと同じ。１か月経てばいつでも手数料なしで自由に換金できて、販売手数料もかかりません。

中期目標（5～10年後）のための運用商品

5～10年以内に必要なお金は安定運用で

それほどすぐには使わないけれど、長期運用とまではいかない中期目標の資金。元本保証ではなくてもよいですが、それなりに安定した運用方法を選びましょう。

投資初心者におすすめ 個人向け国債・地方債

国債とは国が発行する債券。法人ではない一般人向けに「個人向け」として発行されています。1万円からはじめられ、定期預金よりも利率は高めです。同じような運用商品に、地方債・社債があります。

債券とは？

国や地方公共団体、企業などにお金を貸したことを示す借用証書のこと。満期まで一定の利息が入ってくる、固定金利の商品です。満期になれば元本が戻るので、安全な運用ができます。

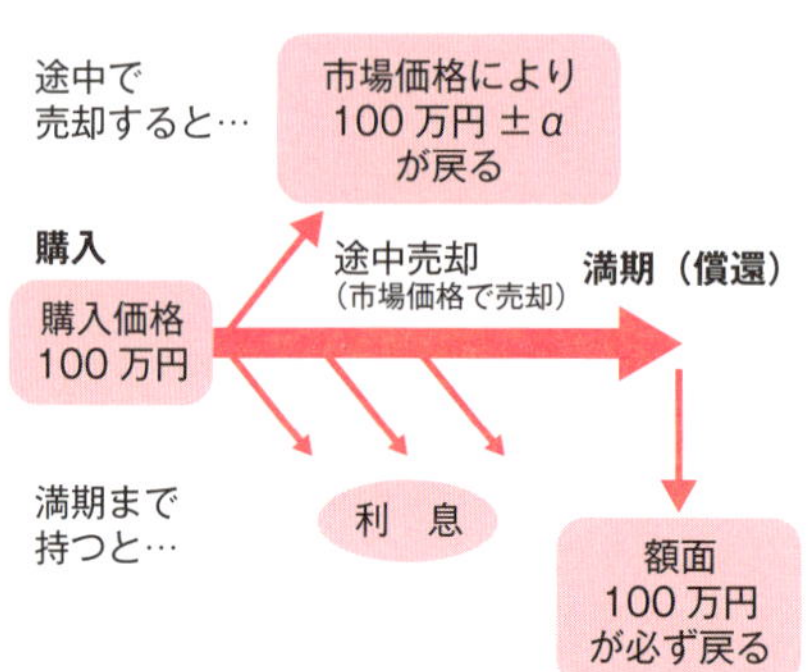

債券で安全・確実な運用を

債券は証券会社や銀行、信用金庫で購入できます。ネットでの取り引きも便利。

個人向け国債

10年満期の変動金利タイプ（金利は最低保証されている）と、5年満期、3年満期の固定金利タイプがあります（3年満期は2010年7月から発売予定）。

利息は年2回受け取れ、満期時には元本が戻ります。10年もの、3年ものは1年、5年ものは2年経てば途中解約もできます。

地方債（ミニ公募債）

地方が発行する債券。年2回利息が受け取れます。利率は国債よりよく、満期時には元本が戻りますが、途中解約すると元本割れのリスクも。3年、5年、10年などのタイプがあります。

社債

民間企業が発行する債券。

一般に国債や地方債より金利が高め。その分、債券の信用力に注意を払う必要があります。

信用力を示した格付けも参考に

債券選びで参考になるのが、「格付け」。満期で元本が戻ってくる確実性を、発行体の信頼度に応じて最上級のAAA（トリプルエー）から最下級のC（シングルシー）に分類しています。

代表的な格付け機関にスタンダード＆プアーズ社やムーディーズ、日本格付け研究所などがあります。ネットでも確認できるので、気になった債券をチェックしてみるのもよいでしょう。

■格付けの符号

信用力 高
AAA
AA
A
BBB
BB
B
CCC
CC
C
信用力 低

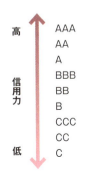

長期運用は「3つの分散」がコツ

運用に欠かせない「分散」の考え方とは？

長期目標のお金は、短期とは違い、ただ「貯める」というよりも、お金自身に働いてもらう「運用」の色が濃くなります。

　そこで、運用を考えるときに大切な「3つの分散」という考え方を紹介しましょう。この3つとは、「投資対象」「地域（通貨）」「時間」のことを指しています。

「投資対象」の分散

株や債券など、投資対象をいくつかに分けておくことをいいます。金利が上がると株価は上がり、逆に債券は価値が下がります。このように、別々の値動きをするものを両方持っておく、というのが投資対象の分散です。

「地域」の分散

円だけでなく、ドルやユーロなどの外貨にも資産を配分しておくことが地域の分散です。円と外貨は、どちらかが上がればどちらかが下がる、といった関係にあります。そのため、円の価値が下がっても、外貨を持っていれば資産の目減りを防ぐことができます。

「時間」の分散

10年以上かけて、じっくりとお金を増やしていくことをいいます。時期をずらして何度かに分けて運用商品を購入することも、時間の分散になります。

運用は「バランス」が大切

上手に分散するには、かたよることなく、バランスよく振り分けることが大切になります。

このようにバランスを保って運用することを「アセットアロケーション」といいます。リスクへの考え方や目標利回りによって、人それぞれ違うアセットアロケーションが存在します。

夫婦ふたりで、自分たちに合った資産配分を考えながら運用商品を選んでいくとよいでしょう。

アセットアロケーションの例

以下の円グラフが、アセットアロケーションの基本的な比率。
安全運用を目指すなら「債券」、積極的な運用に挑戦するなら「株」を多めにとりましょう。

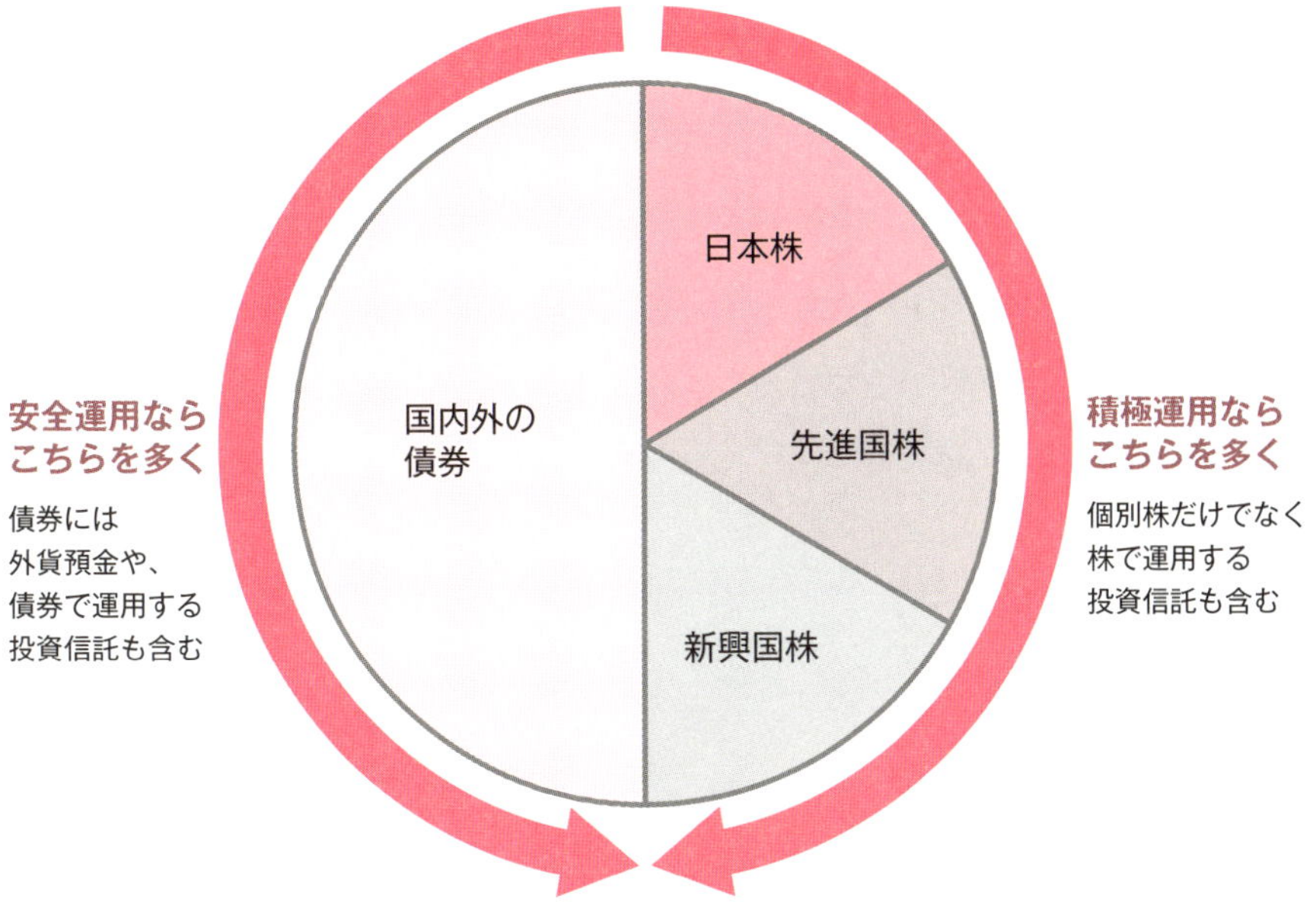

長期目標（10年以上後）のための運用商品

長期目標のためなら積極的な運用も

ここからは、理想とするアセットアロケーションになるよう、具体的な運用商品選びに入ります。長期運用なので、利回り3～5%を目指して多少リスクのある商品を選んでもよいでしょう。

長期運用向け商品①「外貨建商品」

長期目標の運用方法のひとつに、外貨があります。金融危機以降の世界的な低金利政策で、円と外貨の金利差は以前ほどではなくなっています。それでも、資産の目減りを抑え、リスクを分散するために外貨は有効な手段です。

外貨運用って？

日本の銀行や証券会社を通じて、外貨を購入したり、外貨建ての運用商品を購入すること。購入した外貨の国の金利が適用されます。

為替の交換には為替交換手数料がかかり、銀行や通貨によって額が違います。ネット専業銀行は安めに設定されているのでおすすめ。ボーナス時のキャンペーンを狙ってもよいでしょう。

メリット

- 円安のとき、資産の目減りを抑えることができる
- 購入時より円安になると、為替差益《かわせさえき》が出る

デメリット

- 円←→外貨に替えるときに為替交換手数料がかかる
- 購入時より円高になると、為替差損《かわせさそん》が出る

グローバルな視野が持てる外貨建商品

外貨預金

1ドル100円→110円など、預けたときよりも円安になった場合は為替差益が得られるのが特長です。

ただ、逆に1ドル100円→90円など、円高になると、為替差損が発生するというデメリットも頭に入れておく必要があります。

また、換金により為替交換手数料がかかる点にも注意しましょう。

■為替差益・差損の例

1ドル＝100円のときに100万円をドルに換金。1万ドルを外貨預金として持つ

●1ドル＝110円のときに換金したら
⇒110万円になり、10万円のプラス！
●1ドル＝90円のとき円に換金したら
⇒90万円になり、10万円のマイナス……

※為替交換手数料を考慮しない場合

外貨MMF

外貨MMF（マネー・マーケット・ファンド）とは外貨建て投資信託の一種。一般的な銀行の外貨預金に比べ、金利が高めで為替交換手数料も安いのがいいところ。さらに、いつでも解約可能なのも利点です。また、為替差益が20万円以上出た場合、外貨預金は課税されますが、外貨MMFは非課税です。

外国債券（外債）

外貨で発行される債券。満期まで持てば外貨の額面で戻り、満期までの期間は利息もつきます。日本の債券に比べて金利が高いのは魅力ですが、円高になると為替差損が発生します。

また、信用リスクにも注意する必要があります。格付け（151ページ参照）をよく見て、「AAA」「AA」など安全度の高いものを選びましょう。

長期運用向け商品②
「株」とは?

株式会社に出資すると「株主」となり、その証明として「株券」が発行されます。

株を購入することで得られる利益は、大きくふたつに分けられます。

株購入の利益①インカムゲイン

会社が利益を上げることで、その一部を「配当金」として受け取る権利を得ます。同時に会社の商品やサービスを低価格で受けられる「株主優待」の権利がもらえる会社もあります。
これらの利益を「インカムゲイン」といいます。

株購入の利益②キャピタルゲイン

買ったときよりも株価が上がれば、株を売って値上がり益を得ることができます。これが「キャピタルゲイン」で、いわゆる「株を売ってもうけた」ということになります。

株はリスクを理解して購入を

株の売買は相手があってはじめて可能になるので、買いたいと思う人が少なければ株価は下がります。万一、会社が破《は》綻《たん》(倒産)すれば株券はただの紙くず同然になってしまうのです。

そういったことから株は、ハイリターンが期待できると同時に、ハイリスクの運用商品といえます。

長期運用向け商品③「投資信託」で分散投資

特定の会社に投資する株に比べてリスクが低い方法に、投資信託があります。これは、投資家から集めたお金をまとめてファンドをつくり、運用のプロがその資金を株や債券で運用するという運用商品。

投資信託なら、1万円の投資でも結果的に数多くの株や債券を購入できます。そのため、運用の初心者や資金が十分にない人でも、簡単に手間なく、分散投資をすることができます。

投資信託の関係図

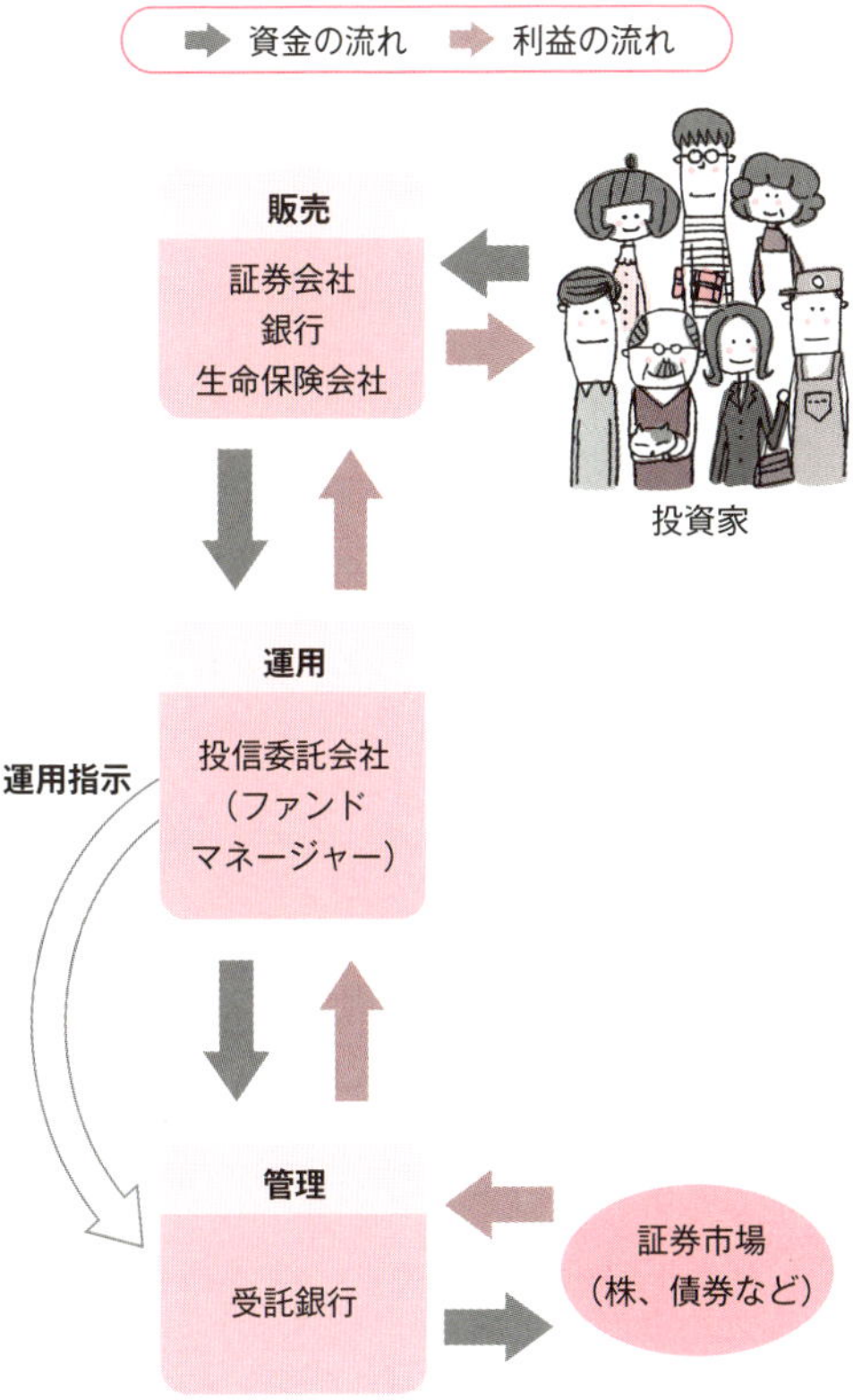

メリット

1. 通常、1万円からでも取り引きが可能
2. 投資の知識を持ったプロが運用してくれるので安心できる
3. ひとつの商品を買うだけで、自動的に分散投資になる

デメリット

1. コストがかかる
2. 元本は保証されていない
3. 外国債券や外国株に投資している商品は為替リスクがある

投資信託の種類

投資信託は投資先によって、さまざまな種類があります。株が多ければ高い利回りが望める分、リスクも高め。反対に、債券が多ければ利回りは低めですがリスクを抑えられます。

- **アクティブ型ファンド**
  利益を求めて積極的に運用する
- **インデックスファンド**
  株価指数に連動して動く
- **バランス型ファンド**
  株と債券にバランスよく投資する
- **業種別ファンド**
  特定の業種に絞って投資する
- **公社債投資信託**
  国債などの債券で運用し、株には投資しない
- **不動産ファンド**
  商業ビルや賃貸ビルの運用に投資する

どんな投資信託を選べばいいか

投資信託の中でも、より分散して運用できるのが「バランス型ファンド」。これは、株―債券、国内―海外のように、異なる通貨や市場でバランスよく運用する投資信託。その組み合わせによってさまざまな商品があります。

手数料はやや高めですが、手間をかけずに、少額で分散投資ができます。

バランス型ファンドのアセットアロケーション例

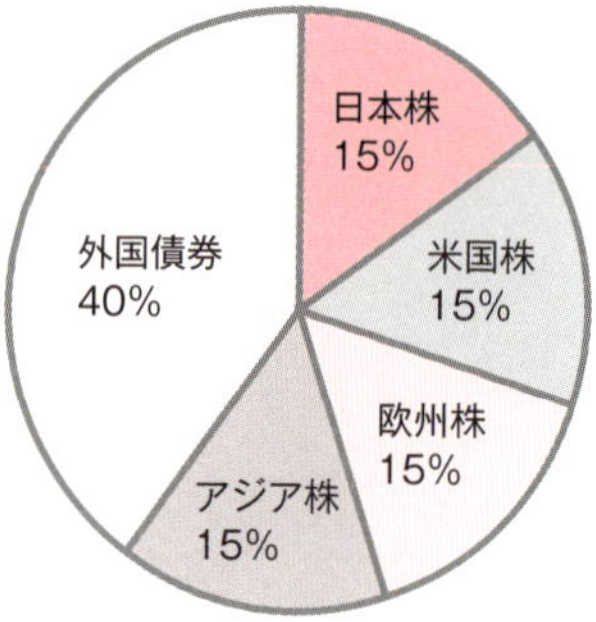

「バラ売り投信」を組み合わせて本格的に

「運用に慣れてきて、もっと本格的にやってみたい」「バランス型ファンドは手数料が高く感じる」という人は、単品の投資信託を自分で組み合わせて運用してもよいでしょう。

この場合、おすすめなのは日本株と外国株、外国債券の3つのファンドの組み合わせです。ほかにも、自由にカスタマイズしてみるとよいでしょう。

投資信託は積み立てにも最適

今はまとまったお金がない人も、積み立てで投資信託を利用するという方法があります。

たとえば子どもの教育資金の運用などは、積み立ての投資信託がよいでしょう。毎月2万円ずつなど、額を決めて自動的に引き落としてもらうこともできます。定期的に一定額を購入することで、「時間の分散投資」にもなります。

積み立ての「時間の分散投資」でリスクを減らす

投資信託は「1万口＝いくら」という基準価格で売買され、毎日変動しています。基準価格が高いときには、その分少ない口数しか買えません。一度に買うと基準価格が高いときに買ってしまうことがありますが、毎月定額を購入することで、そのリスクを抑えることができます。

●一度に8万円分購入した場合
1万口＝1万円のときに
8万円で8万口購入

●積み立てで合計8万円分購入した場合
4か月間、毎月2万円ずつ購入
右のグラフのように基準価格が変動し、
8万円で9万4,999口購入
平均購入価格　1万口＝約8,421円

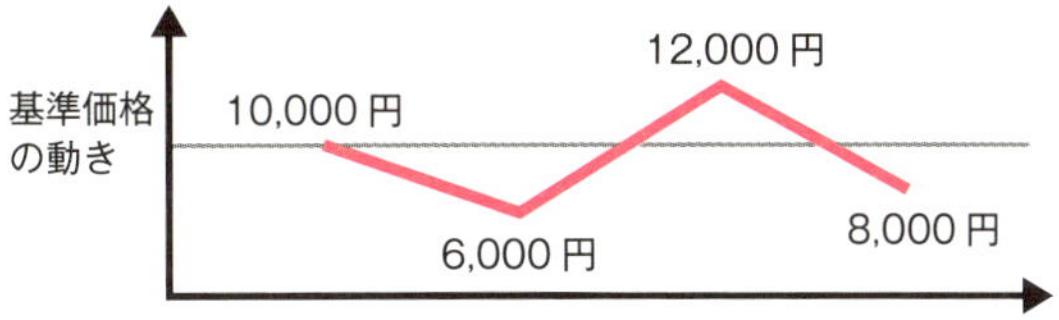

	1か月目	2か月目	3か月目	4か月目
2万円で購入した口数	20,000口	33,333口	16,666口	25,000口

ファンドの上手な選び方

1. 「おすすめ」「人気No.1」ファンドを選ばない
2. 「日本株」「外国株」「外国債券」の最低3つに分散投資する
3. 運用レポートで運用実績を確認する
4. 新しいファンドではなく、5～10年の実績があるファンドを選ぶ
5. 長いスパンで実績をあげているファンドを選ぶ（アクティブ型の場合）
6. 利益が自動的に再投資されるファンドを選ぶ
7. 各種手数料を確認する

運用プランをつくってみよう

短期～長期の運用プランを整理しよう

お金を使う時期に合わせた、運用商品選びができたでしょうか。

ここでは、なんのために、いくらのお金を、いつまで、どう運用するのかなどを書き出して整理してみましょう。

長期運用は定期的なリバランスを

また、長期運用のアセットアロケーションのバランスを保つためには、定期的にお金の配分比率を整える必要があります。時間が経つと、各ファンドや株の運用成績の差から、当初のバランスが崩れてくるためです。

そうしたバランスをもとに戻す作業を「リバランス」といいます。

リバランスは、2年に1度を目安に定期的に行うとよいでしょう。住宅購入など、まとまったお金を使った後にも必要です。

WORK SHEET 記入例

	使用目的	使用時期	金融機関	運用商品	預け入れ額	備考
短期	マンション頭金	2年後	○○銀行	定期預金	200万円	金利○%、1年定期
中期	車買い替え	6年後	○○銀行	国債	60万円	金利○%、5年満期
長期	教育費積み立て	17年後	××証券	△ファンド	月2万円	目標○%

やってみよう！ **WORK SHEET**

運用プランをまとめよう

短期～長期の運用商品が決まったら、ここで整理しておきましょう。定期的に見直しを行うことをおすすめします。

記入日＿＿＿＿＿＿＿＿＿＿

	使用目的	使用時期	金融機関	運用商品	預け入れ額	備考
短期（5年以内）						
中期（5～10年後）						
長期（10年以上後）						

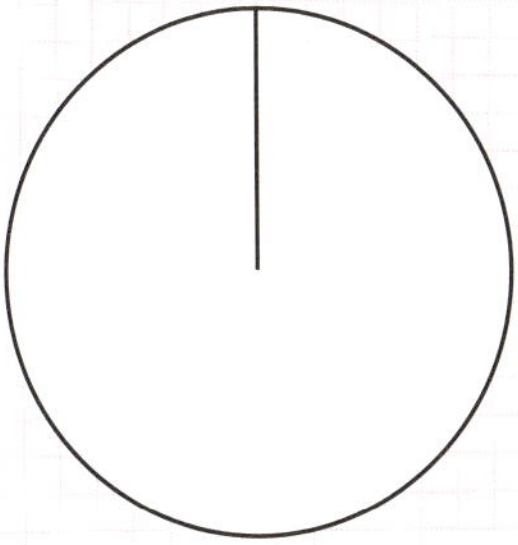

■長期運用のアセットアロケーションをつくろう

153ページで紹介した、長期運用のためのアセットアロケーションをつくってみましょう。
安定を求めるのか、利益を追求するのか。例を参考に、理想のアセットアロケーションを夫婦で話し合いましょう。

手軽・便利な
ネット証券会社を利用したい

これまでに紹介した運用商品は、
一般の銀行や証券会社、信用金庫、生命保険会社など、
さまざまな金融機関で取り扱っています。

おすすめは、ネット証券会社。
商品が豊富で、投資信託では販売手数料のかからない
ノーロードファンドも多く扱っています。
また通常は１万円からの申し込みが多いのですが、
ネット証券の場合は1,000円単位の積み立ても可能。
各種の申し込みを自分で行えるので、
「今月は余裕があるから1,000円積み立てを増やそう」ということも
ウェブ上で楽々操作できます（もちろん減らすことも可）。
出張や旅行など出かけた先で、
ケータイから操作できるのもうれしいポイントです。

さまざまなネット証券会社があるので、
使いやすく、サービスのよいところを
探してみるとよいでしょう。
比較サイトも参考になります。

主なネット証券会社

- **SBI証券**
  積み立ては1,000円から。証券総合口座からの買いつけのみ
- **マネックス証券**
  積み立ては1,000円から。証券総合口座のほかに、銀行預金口座やセゾンカードでの積み立てが可能
- **楽天証券**
  積み立ては1,000円から。証券総合口座のほかに、楽天カードでの積み立てが可能
- **カブドットコム証券**
  積み立ては1,000円から。銀行預金口座からの自動積み立てが可能
- **投信スーパーセンター（日興コーディアル証券）**
  積み立ては１万円から。証券総合口座からの買いつけのみ。コンテンツが充実

第7章 キャリアアップを狙うなら

女性は結婚・出産によって、専業主婦か、パートか、
正社員かという選択に迫られます。
子育て期間を仕事のブランクにしないためには、
10年後の「なりたい自分」を見据えた計画性が大切。
この章では、働き方の選択肢や特徴をおさえ、
キャリアについて考えます。

もっと「自分磨き」がしたい!

家計や生きがいのためにも、子育てが落ち着いたら仕事に復帰するつもり。ＦＰを取得すれば、仕事の幅も広がると思うの
イキイキ
キャリアアップと家計力アップを兼ねてるわけだいいじゃん！やりなよ
がんばるね！教材にはお金がかかるけど…
10000
それは自己投資ってやつでしょ！自分の財産になる出費ならすべきだよ
ありがとう！
それにしても、子どもとキャリアと家計力の３つを同時に手に入れようなんて、結子はがめついね
ひどいなぁ、「母は強し」なんだよ
そうだね　これからは３人になるんだから、俺もがんばるよ！

共働きか、専業主婦か？

増えている共働きの夫婦

女性にとって、結婚後の人生にはターニングポイントが目白押し。特に仕事については、結婚、出産、子育てのピーク、転職の上限といわれる35歳、子育てが落ち着いた後……と、さまざまなタイミングで選択を迫られます。

生活環境は人それぞれですので、専業主婦と共働きのどちらがよいかは一概にはいえません。

ただ、経済的な不安が増加する近年は、夫だけの収入では不安なこともあり、結婚後も「共働き」を選択する夫婦が増えているようです。

平成８年を境に、共働き世帯が専業主婦世帯を上回り、その差は開き続けている

共働き世帯数の推移

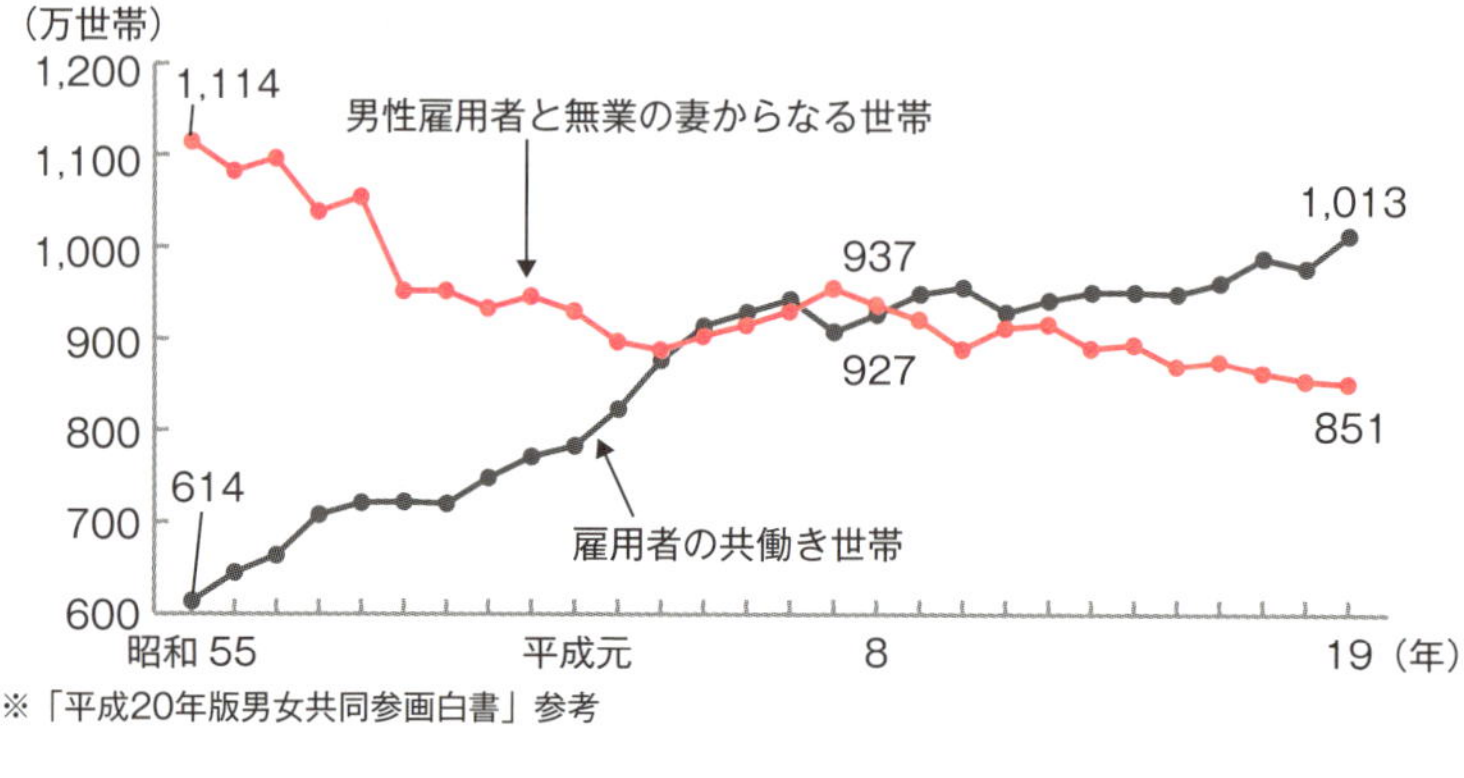

※「平成20年版男女共同参画白書」参考

仕事によって得られるメリットはたくさん

専業主婦となって家を守り、帰宅した夫や子どもを温かく迎えるのも素敵な生き方ですが、仕事を続けることで得られる経済的・精神的メリットも大きなものです。

ライフプラン表をつくってみて貯蓄残高がマイナスになった夫婦でも、妻が働きに出ることでマイナスをカバーできる可能性はおおいにあります。

仕事をすれば家計もうるおう

「ライフプラン表で計算したら、10年後には残高がマイナスに……！」
そんな場合でも、妻が働くことで家計がうるおい、夫婦の夢の実現を目指すことができます。

●専業主婦→パート働きの年収UPの例
年収120万円×20年＝2,400万円
専業主婦の０円と比べて2,400万円プラスに！

●パート働き→フルタイムの年収UPの例
年収240万円×20年＝4,800万円
パート働きの2,400万円と比べて
2,400万円プラスに！

仕事で自立した「女性」に

仕事をすると、家庭以外の居場所ができます。そこでやりがいを持って働くことは自信につながり、経済的・精神的にも自立した女性になれるでしょう。

●経済的自立
・家計の助けになる
・自分の財産が得られる

●精神的自立
・「○○さんの奥さん」「○○ちゃんのお母さん」ではない、“個人”が確立できる
・「扶養されている自分」ではないため、社会人としての自立の意識が保てる
・自己実現を達成できる

働き方のさまざまなかたち

計画を立てて、理想のワークライフバランスを

やりがいのある仕事と、充実感のある私生活を両立させるという考え方をワークライフバランスといいます。出産というイベントを控えた女性は、なりたい自分と、理想のワークライフバランスを考えて、計画的なキャリアプランを立てましょう（178ページ参照）。

雇用形態を選んで理想のライフスタイルを実現

ワークライフバランスを考えるとき、雇用形態は重要なポイントです。「仕事が忙しくて、家のことがおろそ

■正社員

- 定年までの長期雇用が原則
- 主に月給制。ボーナスもある場合が多い
- 福利厚生の利用や社会保険も完備
- 仕事内容や配属部署、勤務時間、休日など、会社の規定に縛られる面が多い

■契約社員

- 契約最長期間が一般職で3年、専門職で5年
- 主に月給制
- 正社員に比べて給与が少ないのが一般的
- 企業により規約が異なる

かになるのがつらい」という人は、時間に制約のある正社員より、派遣社員やパート、アルバイトのほうが向いているのかもしれません。

反対に、「責任ある仕事をバリバリこなしたい」と感じる人は、派遣社員やパート、アルバイトより、正社員向きでしょう。

このように、自分の理想とするワークライフバランスやライフスタイルに合わせて、雇用形態を選ぶようにしましょう。

■派遣社員

- 派遣会社に登録後、派遣先企業が決まったら派遣会社と雇用契約を結ぶ
- 時給もしくは日給制
- パート・アルバイトより給与は高め
- 雇用契約期間中は派遣会社の福利厚生が適用される
- 派遣先企業の都合で解雇されたり、契約更新にならない可能性がある

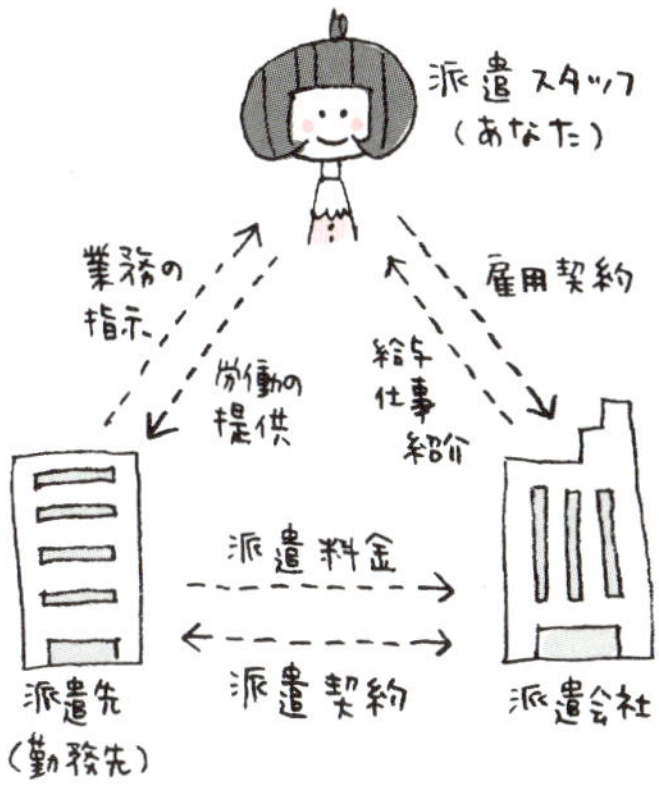

■パート・アルバイト

- 雇用期間や勤務時間が短い
- 自分の都合に合わせて自由に仕事ができる
- 時給もしくは日給制
- 勤務時間や勤務日数が少ないと社会保険に入ることができない
- 会社都合で解雇される可能性がある
- 責任のある仕事を任せられることは少ない

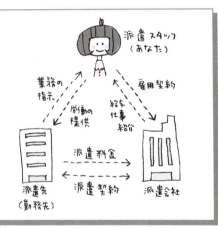

「１０３、１３０万のパートの壁」って何？

数字の意味から暮らしの経済を知る

結婚後、パートを続ける女性が気にかけるのが「１０３万、１３０万の壁」。みなさんの中にも、「なんとなくおトクだから」と、年間収入が１０３万円や１３０万円に収まるように調整している人がいるのではないでしょうか。

はたして本当に「おトク」なのかを含め、この「１０３万、１３０万」という数字のナゾに迫ってみましょう。

103万
130万

「１０３万」の由来は所得税にある

「１０３万」の数字はどこから来ているのでしょう。そのナゾを知る前にまずおさえておきたいのが、所得税のしくみです。

所得税とは

収入にかかる税金。ただし、収入のすべてに課税されるのではなく、年収から経費（給与所得控除）や基礎控除（本人の控除）など、さまざまな控除を差し引いて税額が決まります。

所得税の決まり方

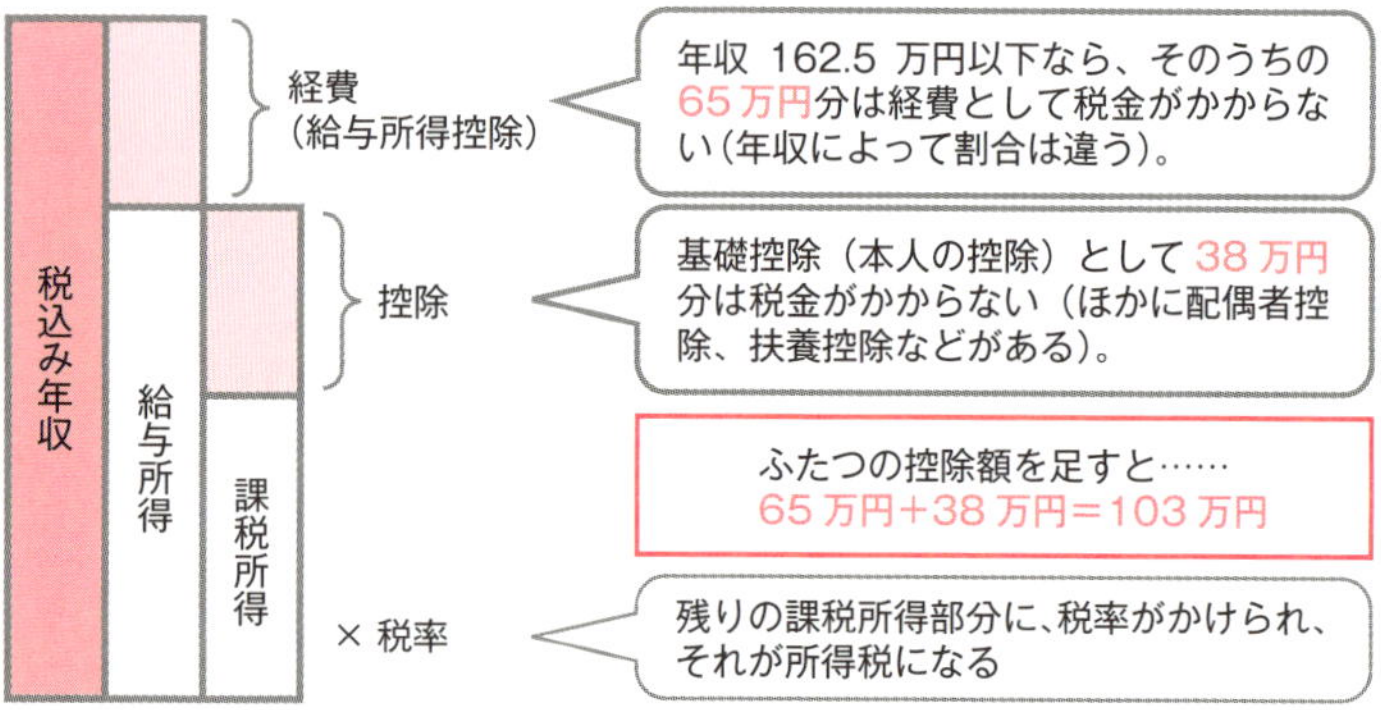
税込み年収
給与所得
課税所得
経費
（給与所得控除）
控除
× 税率
年収 162.5 万円以下なら、そのうちの65万円分は経費として税金がかからない（年収によって割合は違う）。
基礎控除（本人の控除）として38万円分は税金がかからない（ほかに配偶者控除、扶養控除などがある）。
ふたつの控除額を足すと……
65万円＋38万円＝103万円
残りの課税所得部分に、税率がかけられ、それが所得税になる

「103万円」のからくりはふたつの控除

右ページ下の図の通り、所得税には「税金がかからない枠」があります。

具体的には、経費（給与所得控除）として、年収が162・5万円以下なら65万円。加えて、誰でも所得税がかからない基礎控除として38万円。

このふたつの控除額を足した合計が「103万円」なのです。

103万円を超えるとどうなる？

妻の年収が103万を超えると、次のような影響があります。

- 超えた分に5％の所得税がかかる（税率は課税所得が195万円未満のとき）
- 超えた分に10％の住民税がかかる（税率は昨年の年収が100万円以上のとき）
- 夫の配偶者控除がなくなり、夫の所得税、住民税が上がる
- 夫の会社の家族手当・扶養手当に「妻の収入が103万円以下」という制限があれば、それらの手当てがなくなる

配偶者「特別」控除というもうひとつの控除

ただし、夫の配偶者控除はすぐになくなるわけではありません。

夫の収入が1231万円以内であれば、配偶者控除の代わりに配偶者「特別」控除を受けられます。妻の収入が103～141万円の間なら、収入額に応じた配偶者特別控除を段階的に受けられるというしくみです。

■所得税の配偶者特別控除について

妻の収入	夫の配偶者控除	夫の配偶者特別控除
103万円以下	38万円	ー
103～105万円	ー	38万円
105～110万円	ー	36万円
110～115万円	ー	31万円
115～120万円	ー	26万円
120～125万円	ー	21万円
125～130万円	ー	16万円
130～135万円	ー	11万円
135～140万円	ー	6万円
140～141万円	ー	3万円
141万円以上	ー	控除額なし

「１３０万円の壁」は社会保険に由来

それでは次に、「１３０万円の壁」を考えてみます。１３０万円が影響するのは、社会保険の扶養です。

日本では誰もが社会保険（自営業者は国民健康保険）に加入しています。その際、自分自身が保険の加入者となるか、家族の誰かの被扶養者となるかは、年収によって決まります。その基準が、「今後1年に、１３０万円以上の収入が見込まれる」ことなのです。

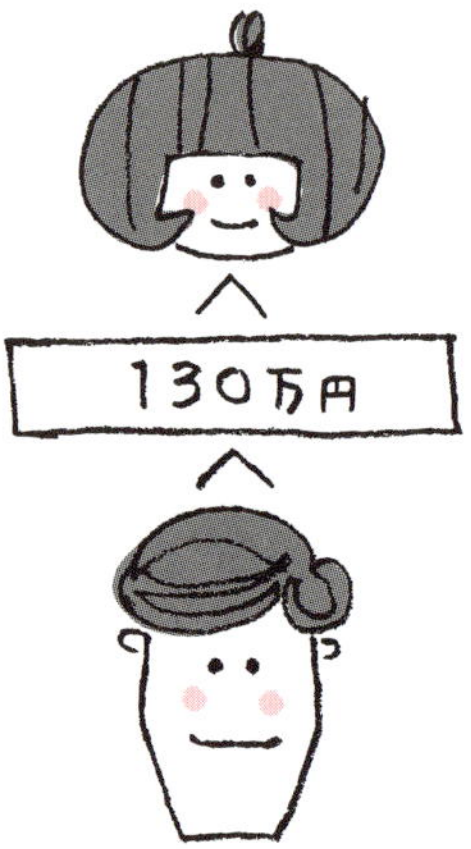
130万円

■社会保険（健康保険、厚生年金）※
の加入の仕方には2種類ある

扶養家族の条件：
今後、130万円以上の収入が
見込まれない
①自分で加入
②扶養家族として加入

※国民健康保険に加入している自営業の人には扶養の制度はない

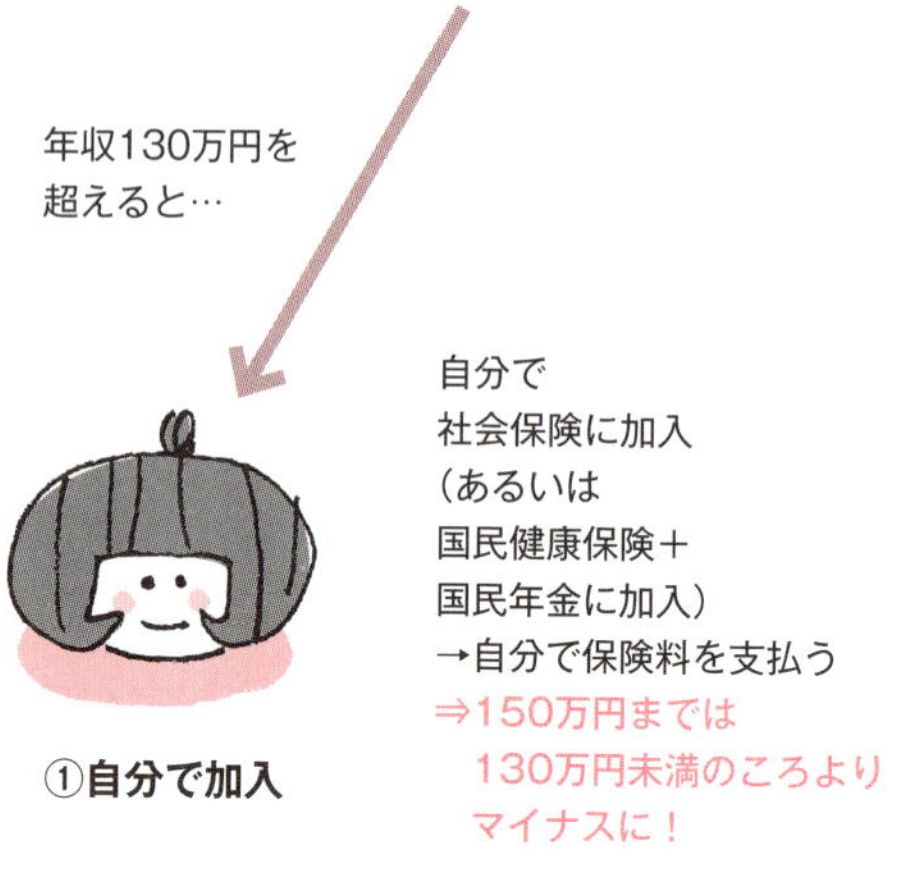
年収130万円を
超えると…
自分で
社会保険に加入
（あるいは
国民健康保険＋
国民年金に加入）
→自分で保険料を支払う
⇒150万円までは
130万円未満のころより
マイナスに！
①自分で加入

１３０万円を超えるとどうなる？

「年収換算で１３０万円を超える見込みになった」とみなされれば、自ら社会保険（あるいは国民健康保険＋国民年金）に加入しなければなりません。当然、収入からは保険料が引かれることになります。

本当の壁は「１５０万円」

自分で保険料を払うようになると、年収が１５０万円を超えるまでは、夫の被扶養者のころよりも手取り収入が減るという逆転現象が起こります。

扶養の壁は「１３０万円」ですが、その後には「１５０万円」の収入の壁があります。ただそれさえ超えれば、収入はがんばりに応じて増えていきます。

扶養の範囲を気にして収入を抑えるよりは、１５０万円以上を稼いだほうが、収入もやりがいも安心も、ぐっとアップするといえますね。

社会保険に加入して〝安心〟を手に入れよう

年収で１３０万円を超えると、公的保険に加入することになります。それが社会保険なら、国民健康保険+国民年金よりも多くのメリットが得られます。

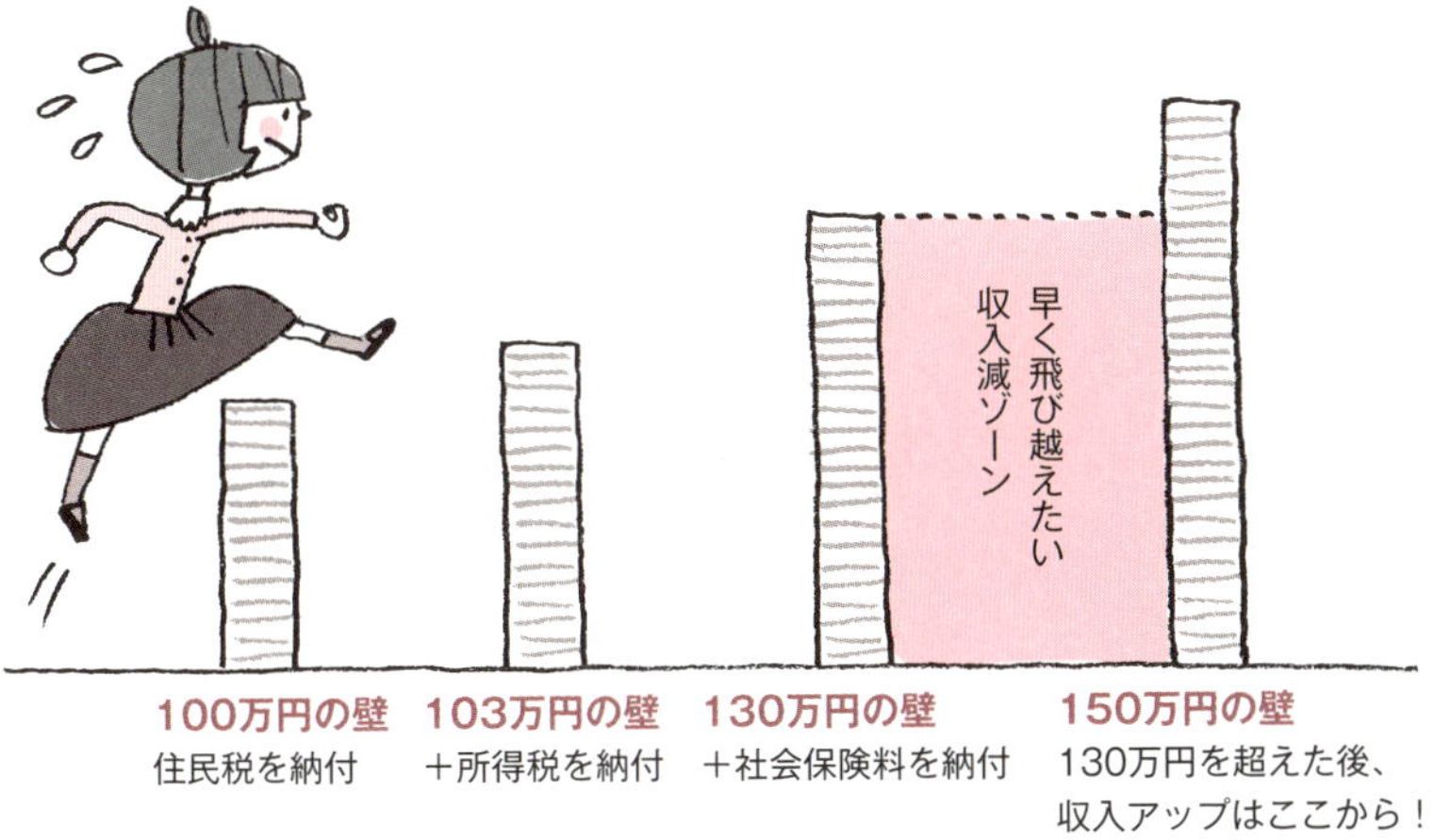

社会保険に加入できる条件は、

・勤務先が社会保険適用事業所である

・週30時間以上勤務している

という2点です。

傷病手当金、出産手当金など、社会保険の恩恵は大。収入アップと保障アップを狙うのもよいでしょう。

社会保険に入るメリット

●**保険料**
半分は会社が支払ってくれる

●**健康保険**
傷病手当金、出産手当金がもらえる

●**厚生年金保険**
老後、障害時の年金が増える

●**雇用保険**
失業時の給付、育児休業手当、介護休業手当がもらえる

転職にまつわるお金

退職や再就職でもらえるお金

結婚、夫の転勤、出産、子育て……ライフスタイルの転換期を迎え、今まで勤めていた会社を辞めることもあるでしょう。夫が転職したり、リストラに遭う可能性もゼロではありません。

そのとき、生活に大きな影響を与えるのがお金の問題。転職にあたってももらえるお金もあるので、損しないようチェックしておきましょう。

失業給付金

１年以上※雇用保険に入っていた人が会社を辞めた場合、失業給付金がもらえます。ただし、再就職活動をしていることが前提です。

申請はハローワークで行います。受給可能期間は離職の翌日から１年間なので、離職票が届いたらなるべくはやめに申請しましょう。

※会社都合（倒産・解雇）などの場合は６か月以上

金額	退職前の給料（ボーナスを除く）を日割りした金額の５～８割。ただし上限額あり（年齢によって異なる）
給付開始時期	自己都合の場合、申請から約４月後。会社都合の場合、７日間の待機期間の後、失業していると認められしだい
給付日数	90日間～（退職理由や年齢、勤務年数により異なる）。給付期間にアルバイトをするなど収入があれば、その間は支給停止

再就職手当

失業保険の給付期間中に再就職先が決まると、「再就職手当（雇用保険のある場合）」あるいは「就業手当（雇用保険のない場合）」を受け取ることができます。金額は、失業給付金の日額×支給日数の残りの30％。ただし、右の給付条件があるので確認しましょう。

届け出は、就職した日の翌日から１か月以内に、ハローワークで行います。

●就業手当の条件
①失業給付の支給日数が３分の１以上かつ45日以上残っていること
②新たな就職先がハローワークを通して決まったこと

教育訓練給付金

厚生労働大臣の指定する講座を受講・修了すると、受講料の20%(上限10万円)が戻ってきます。在職中に雇用保険に加入していることが条件で、退職後1年以内に受講をスタートすれば認められます。

U･J･Iターン奨励金

自治体によっては、移住者・就業者にU・J・Iターン奨励金を支払うケースも。どちらかの実家に帰って働く場合などは、調べてみましょう。

退職してもかかるお金

●国民年金

退職すると社会保険(厚生年金)から外れるので、国民年金に加入します。

失業で収入が減り、国民年金を納めるのが難しい人には「失業による特例免除」という制度も。申請が通れば免除期間中について、2分の1の保険料を納めたのと同じ扱いにしてくれます。

手続きは市区町村役場で行えます。

●健康保険

健康保険は、前職の保険を任意継続するか、住んでいる地域の国民健康保険に加入するかを選択できます。金額を比較してから決めたほうがよいでしょう。

国民健康保険は失業を理由に、保険料が軽減されることもあります。

●住民税

前年分の収入に対してかかるものなので、失業中も支払わなくてはなりません。

資格でキャリアを手に入れる

自分に合った資格をとってキャリアに「ハク」をつける

環境の変化もひとつのチャンスと捉えて、キャリアアップを目指す――。そのためには、実践的かつ専門的なスキルは不可欠です。資格は、就職の必須条件となっている場合はもちろん、経験不足を補う意味でも、あなたを支える立派な武器となるはずです。

お金に強くなるなら

資格	内容と特徴	取得までにかかる期間	取得までにかかる費用
ファイナンシャル・プランナー（FP）	金融、不動産、保険、年金など幅広い知識により顧客の資産設計を行い、生活設計をアドバイスする仕事。ほかの資格取得への可能性も広がる	約６か月（２級FP技能検定対策講座の場合）	６～15万円
簿記検定試験	企業の資産、取り引き状況を計算して計算表などを作成する。業種、職種を問わずニーズがある	２～４か月（３級講座の場合）	２～４万円（３級講座の場合）
行政書士	官公庁に提出する許認可・届出書類の作成や手続きを行う。業務範囲は幅広く、社会的ニーズも高まっている	約６か月～１年	６～24万円

センスを生かすなら

資格	内容と特徴	取得までにかかる期間	取得までにかかる費用
インテリアコーディネーター	住宅や商業施設の新築・リフォーム時のインテリアを提案し、関係業者への手配を行う。女性が多い業界	８か月～１年	５～50万円
トリマー	ペットの美容師として、ショップやサロンで勤務。経験を積んだ後は開業も可能	３か月～１年	50～100万円

資格取得は将来の自分への投資

ただ、資格の取得まではある程度の費用と時間がかかるのも覚悟しておいて。スクールか、通信教育かによっても違うので、じっくりと選ぶことが大切です。

参考として、将来にわたって長く働くことも可能な、「使える」資格を以下に紹介しました。今から自己投資をはじめて、理想的なライフスタイルを実現してはいかがでしょうか？

人の役に立ちたいなら

資格	内容と特徴	取得までにかかる期間	取得までにかかる費用
医療事務	病・医院で勤務。レセプト（診療報酬明細書）作成、治療費計算などの会計業務、受付や来院者案内など、仕事内容は幅広い	3～6か月	5～9万円
介護事務	介護事業運営に関する書類作成やケアマネージャーのサポート、電話受付などを行う。高齢化が進む今、さらにニーズが高まる可能性大	3週間～4か月	4～8万円
調剤薬局事務	調剤薬局でレセプト（診療報酬明細書）作成など事務作業全般を行う	4か月	4万円

語学を通して人と接するなら

資格	内容と特徴	取得までにかかる期間	取得までにかかる費用
児童英語講師	英会話教室で幼児～小学生にレッスンを行う。英検2級程度の英語力が求められる	3か月 ～1年	20～35万円
日本語教師	外国人に日本語の文法・いい回しや日本の文化、政治・経済などを教える。人生経験も役に立つ	1年（日本語講師養成講座420時間のカリキュラムを習得する場合）	50～60万円

「なりたい自分」になるキャリアプラン

女性のキャリアプランはライフイベントも考えて

10年後、「○○な自分になりたい」というイメージを描いてみましょう。「カフェを持ちたい」「今の仕事で責任あるプロジェクトを任されたい」。

大体のイメージがわいたら、ライフイベントと絡めてキャリアプランを立ててみましょう。

WORK SHEET 記入例

子育て・家事もがんばりながら、
10年後にはカフェのオーナーになりたい！

時期	ライフイベント	キャリアプラン
現在	結婚	・新居に引っ越し ・共働きで家事分担しつつ資金を貯める
2年後	夫の転勤	・引っ越しを機に退職 ・カフェのアルバイトで経験を積む
3年後	出産 子育て開始	・通信教育で経営を学ぶ ・子どもを保育園に預け、カフェのアルバイト再開 ・開店店舗のイメージづくり ・人気のカフェめぐり ・メニューの研究
9年後	子ども 小学校入学	・学童保育などの環境確保 ・不動産・内装業者の検討
10年後	なりたい自分に！	・カフェＯＰＥＮ！

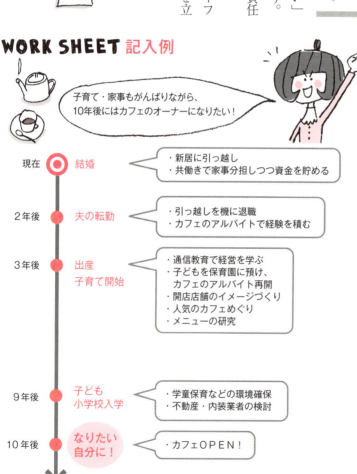

やってみよう！ WORK SHEET

キャリアプランを立てよう

人生の節目では仕事についてさまざまな選択を迫られます。
①仕事を続ける、②雇用形態を変える、③退職する、④転職する、⑤復職する、⑥独立する──。なりたい自分のために何を選択するか、書き出してみましょう。

記入日

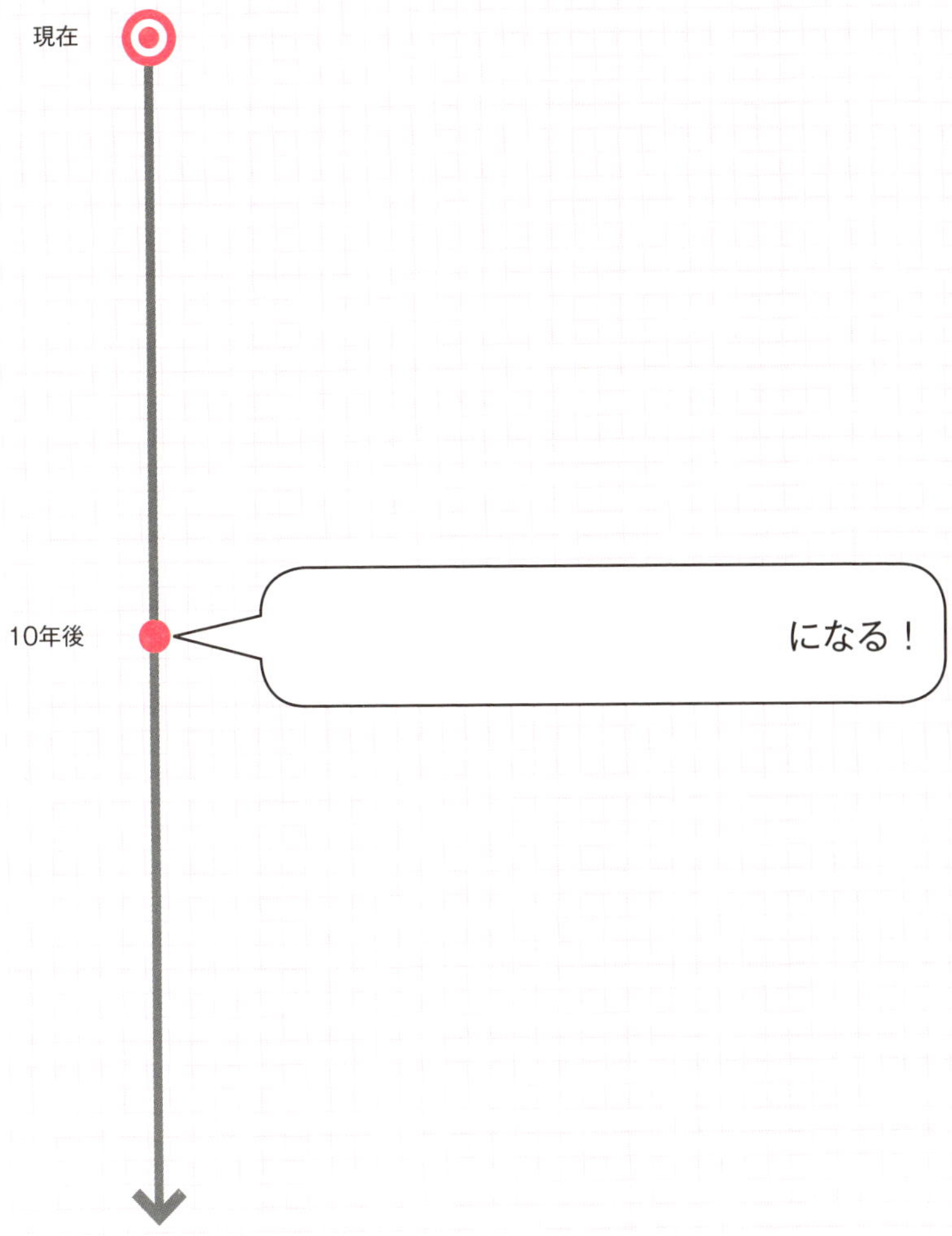

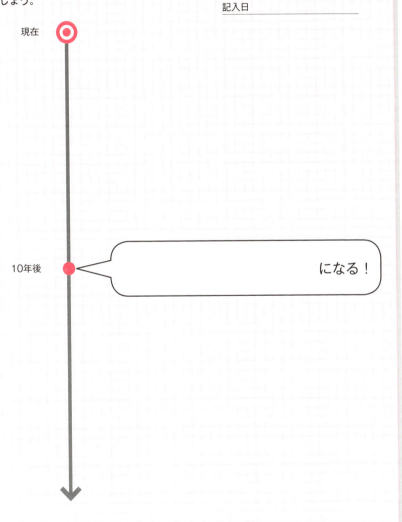

「会社員」ではない働き方を選ぶなら

自分のカフェを持ちたい、
フリーライターになりたい、
インターネットで手づくり小物を売りたい——。

今は会社勤めでも、いつかは自分の
好きな仕事でお金を稼ぎたいと
思っている人もいるでしょう。
ただ、仕事をはじめてすぐには
これまでのような収入は見込めません。
しばらくは夫の収入だけでやりくりするくらいの
つもりでいましょう。
何かあったときのことを考えて、
開業資金に加えて、少なくとも３～４か月分の生活費は
独立までに用意しておきたいところです。

また、会社勤めと違い、社会保険がありません。
その分、医療保障などを厚めにすることも
検討しましょう。

第8章
もしものときの備えに……

離婚、親の死、パートナーとの死別――。
考えたくないことですが、
ありえないことではありません。
「もしも」の事態に備えるために、
婚前契約や相続の基礎知識、
遺言の遺し方について学んでおきましょう。

「婚前契約」で、もめない離婚

自分の財産を明確にしておこう

結婚生活にピリオドを打ち、別々の道を歩む――。新婚のふたりにとって、離婚はなかなかイメージしづらいシチュエーションですが、先の長い人生を見据え、万が一に備えておくことも大切です。

特に離婚の際、エネルギーの大半を注ぐことになるのが、夫婦の財産を分け合う「財産分与」です。

近年は、欧米の「婚前契約」が広く知られ、日本でも離婚時の財産分与を結婚前に決めるという考え方が注目されています。

日本にもある「婚前契約」の制度

日本では「夫婦財産契約」というかたちで、婚前契約の制度が定められています。財産の帰属や管理方法、共同生活の費用の分担を、結婚前に自由に決めることができます。これにより、離婚時の弁護士費用、時間、労力を最小限に抑えることが可能です。

契約書は行政書士事務所で作成できるので、転ばぬ先の杖として検討してみては。

＜夫婦財産契約を結ぶ際の注意事項＞

- 夫婦間で有効にするためには、婚姻の届出前に締結する必要がある
- 夫婦の承継人や第三者に対抗するためには、婚姻の届出前に役所で登記しなければならない
- 婚姻の届出をした後は変更できない

もっと気軽な「婚前約束」

夫婦財産契約よりもっと気軽な「婚前約束」を結んでおくのもひとつの方法。別れるときの「契約」を結ぶのではなく、幸せな結婚生活を送るための決まりごとを約束しておくという考え方です。

＜例＞

- 食事ははやく帰ったほうがつくる
- ３年に１回は海外旅行に行く
- 貯蓄のために、協力し合う
- お互いの両親の悪口をいわない
- 子どもの前でケンカをしない　など

やってみよう！ **WORK SHEET**

幸せな結婚生活のための「婚前約束」をしよう

どんな約束にするかはふたりの自由。幸せな結婚生活のために、「お互い、これだけは守ろう」というルールを書いておきましょう。

記入日

署名（夫）　　　　　　　　（妻）

約束の内容	備考

両親の遺産相続

遺言がなければ法定相続人が遺産を相続

現在は両親が健在でも、いずれは直面するのが相続の問題です。

相続とは、亡くなった人の財産を相続人が受け継ぐこと。遺言書がない場合、自動的に民法で定められた相続人（法定相続人）に遺産が相続されます。民法の条件に合えば、配偶者や子どもなどの血縁者が対象となります（186ページ参照）。

遺産の状況に応じて相続の方法を選択する

遺産といっても、預貯金などの「プラスの相続財産」だけとは限りません。ときには借金など「マイナスの相続財産」が含まれることもあります。

マイナスの相続財産が多いときは、必ずしもその財産を承継する必要はありません。相続を放棄することで、負債を抱え込んだり、保証人の地位を相続せずにすみます。

相続の3つの選択肢

単純承認	すべての財産を相続する方法。マイナスの財産のほうが多いときも、負債をすべて支払わなければならない
限定承認	プラスの財産の範囲内で負債を返済し、それ以上は責任を負わない方法。プラスの財産のほうがマイナスの財産よりも多い場合は、返済後に残った財産を相続する
相続放棄	すべての財産を相続しない方法。明らかにマイナスの財産のほうが多い場合は相続を放棄することができる

相続の選択の流れ

遺産相続人になる

↓

プラスの相続財産	マイナスの相続財産
・不動産(土地、建物) ・動産(現金、預貯金、自動車、貴金属など) ・債権（土地建物の賃借権、売掛金、有価証券など）	・借金、未払い金、カードローンの残債務など ・誰かの保証人になっているなど

↓

相続するかどうかを検討

単純承認

すべての財産を相続する
※ただしマイナスの財産のほうが多ければ、差額マイナス分を支払う必要あり

→ 特別な手続きは不要

限定承認

プラスの財産の範囲内で債務を弁済する
※返済後に財産が残れば相続

相続放棄

すべての財産を相続しない

→（限定承認・相続放棄）相続開始を知った日から３か月以内に家庭裁判所で手続きをする

パートナーへの遺言

遺言は相続を「争族」にしないための有効手段

遺産相続のトラブルは、自分の死をきっかけに発生する可能性があります。遺されたパートナーや両親が争いなく安心して暮らせるよう、今から遺言を書いておくことをおすすめします。

家族に伝えるべき遺志

- 自分の死亡時、遺産は誰が何割相続するか（下図参照）
- 夫婦ふたりともが亡くなったら、子どもの世話・遺産の管理は誰に任せるのか
- 脳死状態になったら、延命治療を望むのか。臓器提供の意思はあるのか

遺言の有無で遺産相続の分配が変わる

遺言がない場合は、遺産相続協議にしたがって遺産を分けることになります。「経済的に余裕のある両親よりも、パートナーに多くの資産を残したい」と考える子どもがいない夫婦などは、遺言を書いておくとよいでしょう。

	法定相続人	遺言なし（法定相続分）	「配偶者に全財産を譲る」という遺言あり
子どもがいる場合	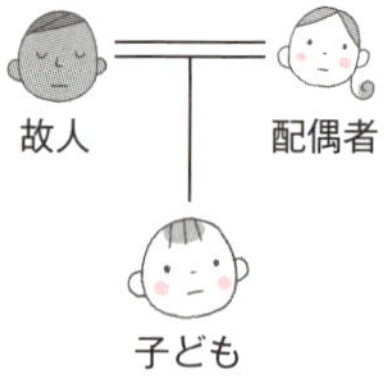	配偶者：2分の1 子ども：2分の1 （人数で分ける）	子どもが財産を請求したときは 配偶者：4分の3 子ども：4分の1 （人数で分ける）
子どもがおらず、父母がいる場合	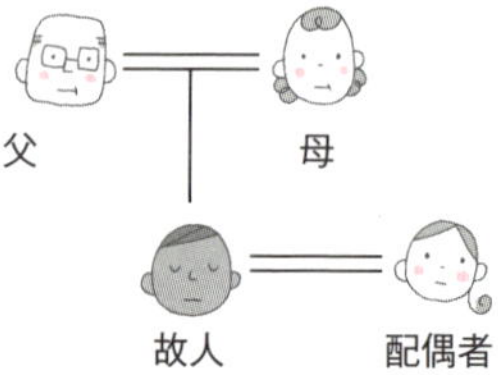	配偶者：3分の2 父母：3分の1 （人数で分ける）	父母が財産を請求したときは 配偶者：6分の5 父母：6分の1 （人数で分ける）
子どもも父母もいない場合	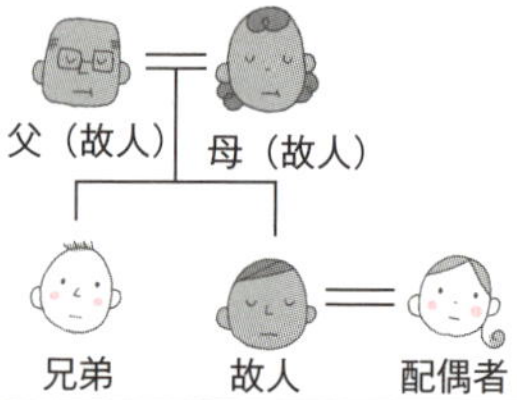	配偶者：4分の3 兄弟姉妹：4分の1 （人数で分ける）	配偶者：全部 兄弟姉妹：なし

自分の希望に合った遺言書の方法を選ぼう

遺言書があれば、そこに書かれた個人の遺志が優先されます。特に子どもがおらずパートナーに多くの財産を遺したい人、法定相続人に財産をわたしたくない人がいる場合は、元気なうちに自分の気持ちをかたちにしておくことが大切です。

遺言書の種類（普通方式）

通常、遺言書は①自筆証書遺言、②公正証書遺言、③秘密証書遺言のいずれかの方法で作成します。いずれの場合も、誰に何を遺したいかが明確でなければいけません。また、遺言書を書き直した場合は、日付の新しいものが有効です。

	作成方法	特徴
自筆証書遺言	・本人が自筆で記入する ・氏名、日付、押印（認印も可） ・ワープロ、パソコンでの作成は不可	・場所、時間を問わず作成できる ・証人を必要としないため、費用や手間がかからない ・秘密が保持できる ・家庭裁判所の検認が必要 ・不備があれば無効となる可能性もあるので注意
公正証書遺言	・公証人が作成する ・証人がふたり必要 ・公証役場で保管 ・印鑑証明、身元証明書が必要	・安全で信用性の高い遺言が作成できる ・家庭裁判所の検認は不要 ・秘密が保てない ・公証人手数料が必要
秘密証書遺言	・本人あるいは代筆者が作成して封印する ・公証役場で確認、証明してもらう ・証人がふたり必要 ・ワープロ、パソコンでの作成も可能	・秘密が保持できる ・家庭裁判所の検認が必要 ・不備があれば無効となる可能性もあるので注意

用語解説

第1～8章でも詳しい説明のある用語は、そのページを表記しています。併せてご参照ください。

あ

アセットアロケーション …… 153ページ

投資対象を分散することで、リスクを減らす資産分配のこと。

頭金《あたまきん》 …… 104ページ

土地・家屋・自動車などの高額商品を分割で購入する際、最初に支払うある程度まとまったお金。

医《い》療《りょう》費《ひ》控除《こうじょ》 …… 55・84ページ

家族で支払った医療費が年間で10万円を超えた場合、超えた分にかかった所得税が払い戻される制度。

か

確定申告 …… 54ページ

一定期間内に得た所得に対してかかる税額を、税務署長に申告すること。

株 …… 156ページ

株式会社に出資した証として発行される有価証券。株を持つと、配当金や株価の値上がりで利益が得られる一方、株価の値下がりによって損をするリスクもある。

元《がん》本《ぽん》保《ほ》証《しょう》 …… 148ページ

運用期間中つねに、預けた金額（元本）が減らないと保証されていること。預けた金額が減ることは「元本割れ」という。

金利

お金を借りた人が貸した人に払うお金の割合。またはお金を預けた人がその金額に応じて金融機関からもらうお金の割合。

繰り上げ返済

毎月の返済、ボーナスの返済とは別に、まとまった資金をローンの返済にあてること。ローンの元金が一度に減るため、その分の利息を支払わなくてすむ。

健康保険 …… 53・126ページ

会社員やその扶養家族が病気、ケガ、死亡した際、医療の保障や保険給付を受けられる公的な保険。治療費が3割負担になる。

源泉徴収《げんせんちょうしゅう》 …… 53ページ

給与所得等の支払いの際、支払い者（会社

など）が所得から所得税をあらかじめ天引きして、国に納付する制度。

高額療養費制度 ……84ページ
長期入院や治療が長引くなどして1か月の医療費の自己負担額が高額となった場合、その限度額を超えた金額が払い戻される制度。差額ベッド代や食事療養費は対象にならない。

厚生年金保険 ……53・126ページ
会社員が加入する社会保険。国民年金保険に上乗せして「老齢厚生年金」「障害厚生年金」「遺族厚生年金」などが給付される。

国民健康保険 ……126ページ
自営業の人が加入する公的な健康保険。病気やケガの治療費が3割負担になる。

国民年金保険 ……126ページ
成人した国民全員が加入する社会保険。「老齢基礎年金」「遺族基礎年金」「生涯基礎年金」を保障する。

固定費
毎月決まって出ていく出費のこと。

雇用保険 ……53ページ
失業給付金などを支給するための社会保険のひとつ。

さ

債券《さいけん》 ……150ページ
国や地方公共団体、企業などが資金を調達する際に、元本の返済や利息の支払いなどの条件を記載して発行する有価証券。国債・地方債・社債などがある。

失業給付金 ……83・174ページ
雇用保険の基本手当。加入していた人が、定年・倒産・自己都合等により離職した際に新しい仕事を探す間の所得を補償する。再就職を目指す人が対象。

収支《しゅうし》
収入から支出を引いた額。この額で家計の状況を見る。

住民税 ……53ページ
地方税のひとつ。地方公共団体がその区域内に住所・事務所などを持つ、個人や法人に対してかける税金。

出産育児一時金 ……81ページ
健康保険加入者や、その扶養家族が出産したときに支給されるお金のこと。

出産手当金 ……82ページ
産休をとって仕事を続ける会社員・公務員に支給されるお金のこと。

傷病手当
病気やケガのために3日以上会社を休み、事業主から十分な報酬が受けられない会社員に支給されるお金のこと。

所得税 ……53・170ページ
個人の所得にかかる国税。

た

団体信用生命保険……141ページ
住宅ローンを借りた人が死亡した（または重度の後遺障害を受けた）場合に、残りのローンを一括返済してくれる保険。

単利《たんり》……149ページ
預けた元金に対してのみ、利息を計算する方式。関連語→複利

手取り収入……22ページ
銀行に振り込まれた金額に、個人の任意で天引きされているお金を足したもの。

投資信託《とうししんたく》……157ページ
投信ともいわれる。投資家から集めた資金を、専門の機関が株や債券で運用し、その成果を投資家に配分する金融商品。

特約……134ページ
保険における特約とは、主契約に上乗せしてつけられる保険契約のこと。

な

妊娠健診費用助成……81ページ
妊娠健診にかかる費用を補助する制度。

は

複利《ふくり》……149ページ
預けた元金に対して支払われる利息を、そのつど元金に加えて、利息を計算する方式。利払いごとに元金が増えるため、それに対する利息も毎回増加する。関連語→単利

法定控除《ほうていこうじょ》……22ページ
法律で定められた、給与から必ず天引きされるお金。所得税・住民税などの税金や、健康保険、厚生年金保険などの社会保険料がある。

ら

利息《りそく》
お金を借りた人が貸した人に払うお金、またはお金を預けた人がその金額に応じて金融機関からもらうお金。利子《りし》ともいう。

利回り
投資元本に対する、利息も含めた収益の割合。正式には年平均利回りという。平均して1年あたりに受け取る利息を示したもの。

利率
元金に対する利息の割合。

労災保険……126ページ
正式には労働者災害補償保険。仕事中・通勤中のケガ・疾病・病気・死亡について災害補償を行う社会保険。事業主が保険料を負担する。

お金のことで困ったときの 問い合わせ先

借金・相続・労働・保険などの
法的トラブルなら

法テラス

法的トラブルの解決のために、
国が設立した法人

http://www.houterasu.or.jp/
☎0570-078374

買い物・サービス利用で起こった
消費トラブルなら

消費生活センター

消費・生活に関するトラブルの
対策を紹介する法人

http://www.kokusen.go.jp/map/
☎0570-064-370（全国統一番号）

借金の相談なら

多重債務整理相談 ホットライン

借金返済・多重債務・自己破産の
アドバイスを受けつけるＮＰＯ法人

http://www.ccca.or.jp/
☎0120-919-021

年金の相談なら

ねんきんダイヤル

日本年金機構が設置した年金の相談窓口

http://www.nenkin.go.jp/
☎0570-05-1165
（携帯電話・ＰＨＳからは 03-6700-1165）

女性の雇用に関する相談なら

労働局雇用均等室

男女の雇用機会の均等や、家事と仕事の両立を
支援するため、各都道府県労働局に設置された
機関。都道府県別の連絡先は以下のサイトを参照

http://www.mhlw.go.jp/bunya/
koyoukintou/roudoukyoku/

家計のやりくりの相談なら

日本ファイナンシャル プランナーズ協会

無料相談会の開催や、
ＦＰの紹介を行うＮＰＯ法人

http://www.jafp.or.jp/
☎0120-211-748
（ＦＰ広報センター：ＦＰに関する相談のみで、
個別の家計診断等は不可）

監修者

羽田野博子（はだの ひろこ）

1952年長崎県生まれ。熊本県立熊本女子大学文家政学部卒業。ファイナンシャルプランナー（CFPⓇ）、一級ファイナンシャル・プランニング技能士（資産設計提案業務）。

自身の家計管理をきっかけにお金のやりくりに興味を持ち、FP資格を取得。翌年から生協のFPとして、セミナー、個人相談などを展開する。

2005年に、特定の金融機関に属さない独立系FP会社、(株)くらしと家計のサポートセンターを設立。資金計画・保険・マイホーム・年金など、家計に関わる個別コンサルティングやセミナー講師として活躍する。

著書に、『遊んで身につく！お金の感覚 Newおこづかいゲームブック』（アスキー）、『図解定年後のお金完全マニュアル』（大和出版）がある。
●(株)くらしと家計のサポートセンター　http://www.fpwes.com/

イ ラ ス ト　岡戸妃里（マンガ）
ひらいみも（1・5章）
中小路ムツヨ（2～3・6～7章）
カモ（4・8章）
本文デザイン
D　T　P　株式会社明昌堂
編 集 協 力　株式会社オメガ社

しあわせ結婚ガイド

ふたりではじめる！ 家計のやりくり

監　　修　羽田野博子
編　　者　土屋書店企画制作部
発 行 者　田仲　豊徳
発 行 所　株式会社土屋書店
〒150-0001 東京都渋谷区神宮前3-42-11
TEL 03-5775-4471　FAX 03-3479-2737
MAIL　shop@tuchiyago.co.jp
印刷・製本　ワールド印刷株式会社

この本に関するお問い合わせは、上記のFAXかメールまで（書名・氏名・連絡先をご記入の上）お送り下さい。電話によるご質問にはお答えしかねます。また、内容については本書の正誤に関するお問い合わせのみとさせていただきますので、ご了承下さい。

http://www.tuchiyago.co.jp